こうすればうまくいく！

イラストで
すぐにわかる
対応法

知的障害のある子どもの保育

水野智美・西村実穂 著　徳田克己 監修

中央法規

はじめに

「こうすればうまくいく！」というシリーズで、これまでにADHDのある子どもの保育、医療的配慮の必要な子どもの保育、自閉症スペクトラムの子どもの保育を刊行してきました。今回はそのシリーズの第4弾で、知的障害のある子どもに焦点を当てています。

　知的障害のある子どもと一口に言っても、言葉によるコミュニケーションがほとんどできない子どもから、日常の生活は何とかまわりの子どもと同じようにできる子どもまで、さまざまです。この本では、できるだけ多くの状態の子どもの事例を取り上げるようにしました。特に、知的な遅れが目立ちにくい子どもを入れています。このような子どもは、先生の指示を受けて、行動に移せるときと移せないときがあります。その場合に、子どものやる気の問題にされてしまうことがありますが、実は、知的な発達がゆっくりであるために、先生の指示がわかっていないことが背景にあるケースが多くあります。

先生の指示を聞けないのは、子どもがわからずに困っているからです。そのような状況があれば、「今、何をしたらよいのか」「次にどうすればよいのか」「どのように行えばよいのか」を子どもがわかるように、先生が工夫するようにしてみてください。

　この本では、ADHDのある子どもの保育、自閉症スペクトラムの子どもの保育と同様に、事例を用いながら、その子どもや保護者、まわりの子どもたちにどのように対応することが望ましいのかをクイズ形式で考えられるように構成しています。クイズに答えながら、知的障害のある子どもへの日頃の対応が適切であったのか、なぜその対応をする必要があるのかを確認してください。本書によって、先生方が自信をもって保育にあたることができることを心より願っております。

2018年4月

水野智美

目 次

第1章 知的障害のある子どもの保育 基本編

1 知的障害のある子どもへの配慮がなぜ必要か 2

2 知的障害とは 4

　❶ 知的障害の表れ方 4

　　➕ Point　先生が問題に気づかない子ども 8

　❷ こんなサインが見られたら──子ども自身が困っている可能性がある 9

　　Column　「個性」と考えるのではなく、どのような支援を必要としているのかを考えよう 11

　❸ 知能検査・発達検査 12

3 知的障害の原因と必要な配慮 14

　❶ 原因となる疾患 14

　❷ 原因となる環境 16

4 知的障害を併発する割合の高い病気や障害 18

　❶ 自閉症スペクトラム 18

　❷ 脳性まひ 20

　❸ てんかん 22

　❹ 心疾患 23

　❺ 目・耳・鼻の疾患（視覚・聴覚に異常がある場合） 24

　❻ 低出生体重児 25

5 知的障害によって生じる身体的な問題 26

　❶ 排泄の問題（おむつがなかなかとれない、排泄の感覚が弱い） 26

　❷ 体の不調を訴えられない（痛みや暑さ・寒さなどの感覚が鈍い） 27

　❸ 体幹が弱い（ふにゃふにゃしている） 28

　❹ 手先が不器用 29

　❺ 運動が苦手 30

　❻ 肥満傾向 31

　　Column　保育活動に参加できない理由は障害の種類によって異なる 32

第2章 知的障害のある子どもへの対応

1 知的障害のある子どもへの対応の基本 ･････････････････････････････ 34

  Column　加配の先生とどう連携をしたらよいの？ ･････････････････ 38

2 知的障害のある子どもへの具体的な対応の仕方 ･･･････････････････ 39

 ❶ 先生の指示がわからない ･････････････････････････････････････ 39

 ❷ 複数の指示を覚えられない ･･･････････････････････････････････ 41

 ❸ 絵本や紙芝居の途中であきてしまう ･･･････････････････････････ 43

 ❹ 集団行動では、いつも最後になってしまう ･･･････････････････････ 45

 ❺ 言いたいことを言葉で表現できない ･･･････････････････････････ 47

 ❻ 絵を描く活動を嫌がる ･･･････････････････････････････････････ 49

 ❼ お漏らしが多い ･･･ 51

 ❽ まわりの子どもたちがつくった積み木を倒してしまう ･･･････････ 53

 ❾ まわりの子どもたちの遊びに入れない ･････････････････････････ 55

 ❿ 靴の左右がわからない ･･･････････････････････････････････････ 57

 ⓫ 服の裏表、上下左右がわからない ･････････････････････････････ 59

 ⓬ ボタンを留められない ･･･････････････････････････････････････ 61

 ⓭ 集団活動に参加しようとしない ･･･････････････････････････････ 63

 ⓮ 食事の際に手づかみで食べる ･････････････････････････････････ 65

 ⓯ 食事の際に立ち歩く ･･･ 67

 ⓰ わからないことがあって、じっとしている ･･･････････････････････ 69

 ⓱ 運動会でリレーのルールがわからない ･････････････････････････ 71

 ⓲ 発表会で周囲の子どもと同じようにできない ･･･････････････････ 73

目次

第3章　知的障害のある子どもをもつ保護者への支援

1　知的障害のある子どもをもつ保護者への支援の基本 ……………… 76

2　保護者への具体的な支援の仕方 ………………………………………… 81

❶ 保護者と連携して子どもを育てるために先生がすべきこと ……… 81

❷ 将来への不安を語る保護者への対応 ………………………………… 83

❸ ほかの保護者の間になかなか入ることができない保護者への支援 …… 85

第4章　周囲の子どもたちへの対応

1　知的障害のある子どもに対する周囲の子どもへの理解教育の基本 …… 88

2　周囲の子どもへの具体的な理解指導の方法 ………………………… 91

❶ なんでも手伝ってしまおうとする子どもへの対応 ……………… 91

❷ できないことをからかう子どもへの対応 ………………………… 93

❸ 知的障害のある子どもに無理強いをさせようとしているときの対応 …… 95

資料編

1　知的障害のある子どもの療育について ……………………………… 98

❶ 療育とは ……………………………………………………………… 98

❷ 療育センターで子どもたちはどのような活動をしているのか …… 100

❸ 療育センターと園はどのように連携を取ればよいのか ………… 102

2　知的障害のある子どもの就学について ……………………………… 104

❶ 就学先を選択する際に大切にしなければならないこと ………… 104

❷ 特別支援学校とは ………………………………………………… 106

❸ 特別支援学級とは ………………………………………………… 108

❹ 就学先を決定するまで …………………………………………… 110

第 1 章

知的障害のある子どもの保育 基本編

1 知的障害のある子どもへの配慮がなぜ必要か

何をすればよいのかがわからないために行動できない

知的障害とは、同じ年齢の平均的な子どもに比べて、知的な発達がゆっくりであることをいいます。多くの場合、まわりの子どもたちと同じペースで活動することができません。その背景に、知的障害のある子どもが「今、自分が何をすればよいのかがわからない」ことがあります。特に、指示された内容を理解したり、状況を判断することが苦手です。そのため、先生が言葉だけで指示をしたり、叱ったりしても、子どもは何をすればよいのか、何について怒られているのかがわからないのです。

叱られることが多く、楽しく生活できない

知的障害のある子どものなかには、いつも先生から叱られているケースがあります。その場合、知的障害のある子どもは叱られている内容は理解していませんが、叱られているということはわかっています。このような状況が続くと、先生が近づくだけで、子どもは「また先生に叱られる」と感じてしまい、不安を高め、できることもできなくなってしまいます。何よりも、生活がいつもわからない状態で進むので、楽しいと感じることができません。

子どもが「わかる」環境をつくることが大切

　知的障害のある子どもにとって、今、何をすればよいのか、どうすればよいのかがわかるような環境をつくることが大切です。それによって、まわりの子どもたちと一緒に活動することができるようになります。また、「わかった」と感じることができれば、「やってみようかな」と考え、チャレンジにつながります。苦手なことでも、少しずつやってみようと思えるようになるには、「わかった」「できた」という成功体験を重ねていかなくてはなりません。

　そのために、その子どもがどこまでのことができるのか、わかっているのかを先生が把握したうえで、子どものできないこと、困っていることについて、どんな支援をすればよいのか、どのように伝えればよいのかを考えることが必要です。子どもができないこと、困っていることに先生が手を貸すようにすれば、子どもも「自分でできた」と思えるようになるのです。

2 知的障害とは

① 知的障害の表れ方

知的障害のある子どもの状態はさまざま

　一言で「知的障害のある子ども」といっても、その程度はさまざまです。実際の年齢が5歳の子どもであっても、全体的な発達が2歳の子どもと同じ程度の子どももいれば、4歳程度の子どももいます。また、簡単な言葉の理解が難しい子どももいれば、日常生活で使っている言葉であれば何とか会話が成り立つ子どももいます。「知的障害」とひとくくりに考えるのではなく、どこまでのことができるのか、どこから支援が必要であるのかを個々の子どもをみて考えていかなくてはなりません。

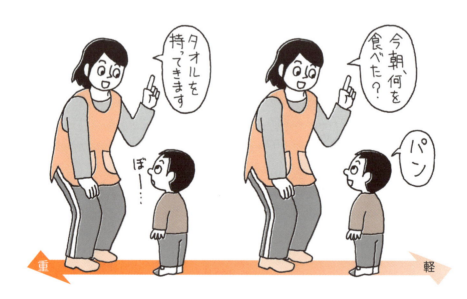

周囲が手助けし過ぎることで、発達がさらにゆっくりになる

　先生や保護者が先回りをして何でもやってしまう環境で育った子どもの場合、知的な発達が同じ程度の子どもに比べて、日常生活のなかでできないことが多くなります。また、まわりの子どもたちが知的な発達がゆっくりな子どもに対して手伝い過ぎてしまう場合にも、知的障害のある子どもは自分で行動を起こす機会が減り、できる能力があっても、やらずに過ぎてしまい、結果的に発達につまずいてしまうことがあります。

言葉の発達の遅れ

　知的障害のある子どもには、程度の差はあれ、言葉の発達に遅れがみられます。言葉には、話を聞いて理解する理解言語と自分が伝えたいことを表現する表出言語があります。知的障害のある子どもは理解言語、表出言語のどちらも知的な遅れや発達にかたよりのない子ども（定型発達の子ども）と比べて遅れがみられます。

　また、先生や友だちの言っていることがわからなかったり、自分がおかれている状況を理解できなかったりするうえに、そのことを表現する方法をもっていません。そのため、まわりからは、知的障害のある子どもが突然泣き出したり怒ったりするようにみえることがあります。

理解言語の発達を促すことを優先しよう

　同じ月齢の子どもに比べて表出される言葉が極端に少ない、二語文が出ないなど、表出言語の遅れを心配する先生や保護者が多くいます。しかし、子どもの年齢が低い間は、理解言語の発達を促すことを優先してください。なぜなら、理解できる言葉が増えることによって、「この時にこれを言えばよい」とわかるようになり、言葉で表現できるようになるからです。

抽象的な概念をもつことが苦手

　一般的に、子どもたちはリンゴやブドウは果物の仲間、チューリップやタンポポは花の仲間などと、経験を通して、果物、花、動物などの概念をもつようになります。そのため、「好きな果物は何？」と聞くと、果物のなかから選んで答えることができるようになります。

　しかし、知的障害のある子どもは概念をもつことが苦手です。「リンゴが好きかどうか」を尋ねられると「好き」と答えられるのに、「好きな果物は？」と尋ねられると答えられないのは、そのためです。

すぐに飽きてしまう

　知的障害のある子どもは、集中力が切れやすく、すぐに活動に飽きてしまうことがあります。歌の時間に、すぐにふらふらと立ち歩いてしまうことがその例です。このことは、活動の内容がよくわからなかったり、活動自体の楽しさを感じられなかったりするために起こります。活動に参加するように促す前に、その活動のやり方や内容がわかるように子どもに伝えたり、子どもが活動に参加しやすい環境をつくることが大切です。

先生が問題に気づかない子ども

　毎日、繰り返し行っている活動は、まわりの子どもたちと同じようにできているけれども、新しく始めることや先生の話を聞いて理解しないと行動に移せない活動などは、ふざけたり、反抗的な態度をとったりしてやろうとしない子どもがいます。このような子どもについて、先生は「やる気がない子」と考えたり、「この活動は気分が乗らないのかな」としか思わなかったりして、対応をしないことがあります。

　実はこのような子どものなかには知的な発達がゆっくりであり、活動の内容や自分がやるべきことがわからないためにできないケースが多くあります。ふざけたり反抗的な態度をとるのは、自分がわからないこと、できないことをごまかすためなのです。

　このような子どもは、毎日、繰り返し行っている活動であれば、パターンを覚えて、行動に移すことができます。つまり、指示された言葉の意味がわかっていなくてもできるのです。

　「言葉による指示を聞いて、行動に移すことができるときと、できないときがある」という子どもがいます。この場合、製作や運動などのいつもとは違う活動をするときに行動に移せないことが多ければ、やる気や気分の問題ととらえてはいけません。支援が必要な子どもであると考え、説明の際に目で見てわかる手がかりを用いたり、個別に一つずつ指示をしたりして、その子どもが活動のやり方や内容をわかるようにすることが大切です。

② こんなサインが見られたら

子ども自身が困っている可能性がある

物事の理解に時間がかかる

　何度言っても伝わらない子どものなかには、先生が話す言葉がわからずに困っているケースがあります。このような子どもに対しては、言葉だけでなく、絵カードや実物、ジェスチャーをつけて伝えるようにして、指示する内容を理解しやすくすることが大切です。また、何度も繰り返して行うことによって、理解していけることも増えていきます。そのため、根気強く対応することが必要です。

初めてのことやいつもと違う事態に対応できない

　知的な発達がゆっくりな子どものなかには、繰り返し練習して覚えたことはできても、初めてのことやいつもとは違うやり方をする場合に、とまどって行動に移せなかったり、その場にしゃがみ込んで動かなくなることがあります。このことには、言葉の理解がゆっくりであることに加えて、とっさのときに臨機応変に行動することができないことが関係しています。

自分で考えて行動に移すことが苦手

　いつもキョロキョロして、まわりの子どもたちがやっているのを見てから行動に移す子ども、「自分の頭で考えてやってごらん」と言われると、何をしたらよいのかがわからず、先に進めない子どもも支援が必要な子どもです。知的障害のある子どもは、指示が理解できなかったり、ある程度わかったとしても、これでよいのだろうかという不安が強いために、自信がありません。また、その場の状況を把握することも苦手なため、自分で判断して行動することが難しいです。

動作がぎこちなかったり、手先が不器用である

　知的障害のある子どもの多くに、寝返りやハイハイ、立ち歩きなどが現れる時期が定型発達の子どもよりも遅れるケースがみられます。また、歩く際にかかとが浮いていたり、左右にふらつきながら歩いたりするなど、動作がぎこちない様子がみられます。さらに、手先が不器用であるため、ボタンを留める、はしやスプーンで食事をする、はさみを使うなどの細かい作業が苦手な子どもが多くいます。

コラム

「個性」と考えるのではなく、どのような支援を必要としているのかを考えよう

　「障害は個性」という考え方があります。誰もが苦手なことがあるように、知的障害のある子どもにも苦手なことがあるのは同じであり、苦手な部分が多いことを障害ではなく、個性ととらえようという考え方です。

　ただし、個性というのはその人の持ち味、特性を意味するものであり、障害があることがその人の個性をすべて表しているわけではありません。確かに、知的障害のある子どもに共通してみられる特徴や行動があっても、知的障害のある子どものなかには、踊りの好きな子、お話をするのが好きな子、内気な子など、さまざまな特性のある子どもがいます。

　「障害＝個性」ととらえてしまうと、その子どもがどのような子どもなのか、どんなことに困っているのか、何が好きで嫌いなのかという視点がおろそかになってしまいます。「障害は個性なので」という表現を用いて、子どもに必要な支援をしない園がありますが、それは適切な保育とはいえません。個性と考えるよりも、どのような支援を必要としているのかを具体的に考えるようにしてください。

③ 知能検査・発達検査

知能検査、発達検査とは

　発達の特徴を明らかにするために、医療機関や児童相談所などで、子どもが知能検査や発達検査を受けることがあります。幼児に対してよく使われる知能検査には、田中ビネー知能検査Ⅴ、日本版KABC-Ⅱなどがあります。発達検査には、新版K式発達検査、遠城寺式乳幼児分析的発達検査法、津守・稲毛式乳幼児精神発達診断法などがあります。専門家が保護者などに面接して診断するもの（遠城寺式乳幼児分析的発達検査法、津守・稲毛式乳幼児精神発達診断法）と子どもに対して個別に検査するもの（田中ビネー知能検査Ⅴ、日本版KABC-Ⅱ、新版K式発達検査）があります。

　知能検査、発達検査の結果は、それぞれ知能指数（IQ）や発達指数（DQ）で示されます。IQやDQは100が平均であり、70に満たない場合に知的な機能に遅れがあると考えます。また、IQやDQに加えて、知能検査や発達検査を構成していた運動や認知、言語、社会性などのいくつかの項目について、それぞれがどのような得点であったのかも示されます。

知能検査や発達検査の結果の見方

　知能検査や発達検査は、子どもの発達の程度だけでなく、得意なことや苦手なことなどの発達の凸凹を明らかにします。そのため、IQやDQの数値だけでなく、知能検査や発達検査を構成している運動や言語、社会性などの項目の発達がどの程度であったのか、何が得意で、何が苦手だったのか、どの部分までのことはできて、どんなことができないのかなどに着目する必要があります。この結果から、どこまでのことは支援をするけれども、ここからは子ども自身にさせようなどと考えるヒントにしてください。

検査の結果の見方がわからない場合には

　検査の結果は、折れ線グラフのようなプロフィールで示され、発達の特徴が視覚的にわかりやすくしているものがあります。また、検査報告書が添付され、検査の結果について、専門家が検査の数値をわかりやすく説明し、日常生活で配慮すべきことを示していることがあります。それらがない場合、あるいはそれらを見ても結果をどのように保育に活かせばよいのかがわからない場合には、その子どもが通っている療育機関の専門家や園に巡回にくる心理士などに結果の見方を尋ねましょう。

3 知的障害の原因と必要な配慮

❶ 原因となる疾患

知的障害の原因

　知的障害の原因として、病気や子どもが育つ環境があります。また、原因がわからない場合も多くあります。病気が原因である場合として頻度が高いのは、染色体異常です。具体的には、ダウン症候群や18トリソミー、プラダーウイリー症候群、ウィリアムズ症候群などがあります。なかでも、ダウン症候群の子どもは1000人に1人の割合で生まれること、保育所や幼稚園に通う機会が多いことから、先生が接する機会が多くなります。子どもが育つ環境が原因となる場合には、知的な刺激を受けられなかったり、虐待を受けているケースがあります。

病気が原因である場合──ダウン症候群とは

　23対（1対は2本あるため、計46本）の染色体のうちの1つの染色体に突然変異が起こり、21番目の染色体が3本あることから、21トリソミーとも呼ばれています。知的な遅れのほかに、心臓や目の病気を合併していることがあります。つりあがった目、低い鼻という特徴のある顔つきをしています。また、筋肉の緊張が弱く、身体がやわらかいという特徴があります。そのため、首のすわり、寝返り、ハイハイ、つかまり立ち、歩くなど運動面の発達が遅れます。手先が不器用、言葉の発達が遅れている、はっきり話すことが難しいなどの状態もみられます。

保育の際の配慮

　運動面の発達はゆっくりではあるものの、ほかの子どもたちと同じ道筋をたどって発達し、歩いたり走ったりすることができるようになっていきます。着替えや食事、排泄など身辺自立も遅れますが、繰り返し教えていくことで、できることが増えていきます。ダウン症の子どもは明るく、人なつっこい性格であることが多く、音楽に合わせて身体を動かしたり、積極的にクラスの子どもたちとのかかわりをもとうとしたりします。子どもの好きなことを通じて、クラスの子どもたちと楽しくかかわることができるように先生が仲立ちになるとよいでしょう。

　心臓病や斜視、白内障といった眼科疾患などの合併症がある場合には、保護者と連絡を取り合いながら体調の異常がないかを確認して、保育を行います。

② 原因となる環境

知的な刺激がない環境で育つ場合

　先天的には知能に異常はないものの、子どもの育つ環境に原因があり、知的な遅れが生じているケースがあります。保護者に知的障害があり、子どもの成長に必要な環境を整えられない場合や身近で虐待が行われている場合です。

　一般的に、子どもは周りにいる大人からたくさん話しかけられたり、子どもの言動に反応してもらうことを繰り返して、成長していきます。そのほかにも音楽を聞く、絵本を見る、散歩に行って自然にふれるなど日常生活を送るなかで、さまざまな刺激を受け、周囲の物への関心が育ち、言葉を覚えたり、どのように人とかかわるのか、どのように物を使うのかを学びます。しかし、保護者がうつ状態であったり、保護者自身に知的障害があったりする場合には、乳幼児期に必要な刺激を十分に子どもに与えることができません。刺激を受けなかった子どもは、年齢相応の発達ができず、知的な遅れがみられる状態になることがあります。

虐待が原因となる場合

　揺さぶられっこ症候群、頭を殴られるなどの暴力が原因となり、脳にダメージが生じた結果、知的な遅れがみられることがあります。

　また、脳にダメージが生じていなくても、虐待が原因となって知的な遅れが生じることがあります。虐待によって、子どもは食事を十分に与えられず身体の発達が遅れるだけではなく、適切なかかわりをされないことによって、知的な発達が遅れてしまうことがあります。

　子どもは、生活に必要な世話を受ける、食事を与えてもらうなど適切な養育が与えられることによって心身ともに成長していきます。虐待を受けることによって、脳が萎縮し、その結果として知的な発達に問題が生じるのです。

　さらに、子どもは遊びのなかでひととのかかわり方、物の名前や使い方などを学びます。虐待を受けている場合、発達に欠かすことのできない遊びが十分にできず、言葉の発達が遅れたりひととのかかわり方が身につかなかったりします。

4 知的障害を併発する割合の高い病気や障害

❶ 自閉症スペクトラム

自閉症スペクトラムとは

　自閉症スペクトラムは発達障害の一つであり、ひととかかわることやコミュニケーションが苦手であったり、強いこだわりがあるといった特徴があります。

ひととかかわることが難しい

　友だちと一緒に遊ばずに一人で過ごすことを好む、幼児期になってもひとに関心をもたない、視線が合いにくいなどの行動がみられる子どもがいます。その一方で、全く人見知りをせずに知らないひとについていく、相手が嫌そうな顔をしていても自分の好きな話を一方的にしているなど、一見ひととかかわることができているように見える子どももいます。どちらの場合も、ひとと適切な距離を保ってかかわることが苦手なために生じています。

コミュニケーションが苦手

　自閉症のある子どもの多くは、2～3歳になっても意味のある言葉を話さず、言葉の発達が遅れています。言葉が出ていたとしても場面に全く合わないこともあります。たとえば、電車のアナウンスは一言一句間違えずに言えるのに、大人の問いかけに対しては全く答えられないといった状態です。また、「お名前は？」と子どもに尋ねると、「お名前は？」と返すというように、相手の言ったことをそのまま繰り返すオウム返しをすることがあります。

強いこだわりがある

　保育所に行くときにいつもと違う道を通るとパニックを起こす、特定の色のおもちゃでしか遊ばない、特定の服しか着ないなど、物や出来事に対して強いこだわりがあります。保育所に行くときにはこの信号を渡って道路のここを歩くなど日常生活のなかにさまざまな自分のなかの決まりがあり、それが変わると不安になってしまいます。いつもと同じものを使ったり、いつもと同じ手順でものごとを進めることで安心できるのです。

　このほかにも、感覚が敏感すぎたり鈍感すぎたりする子どもがいます。味覚が非常に敏感で極度の偏食があったり、痛みの感覚が鈍く、けがをしていても気がつかないことがあります。

② 脳性まひ

脳性まひとは

　脳の損傷が原因となり、思うように身体を動かすことができない状態を脳性まひといいます。500人に1〜2人の割合で起こります。障害が生じた脳の部位によって、症状やまひの程度は大きく異なります。脳性まひの人の約8割に知的な遅れがあります。

脳性まひの症状

　手足に力が入り突っ張った状態になる痙直型（けいちょく）、自分の意思とは関係なく身体が勝手に動くアテトーゼ型、筋肉の緊張が低く思うように筋肉に力が入らない失調型があります。

　乳児のころは、新生児期を過ぎても新生児反射がみられる、首のすわりが遅い、ハイハイやお座りがなかなかできないなど、運動面の発達の遅れが目立ちます。また、興奮したり緊張したりしたときに身体に力が入り、身体が反り返ることがあります。

　言葉の発達が遅い子どももいます。ただし、脳性まひがある場合には、運動機能に障害があり、話をするときに必要な筋肉をうまく動かせないために、言葉を発することが苦手なのか、知的な遅れがあり言葉が遅れているのかを見分ける必要があります。

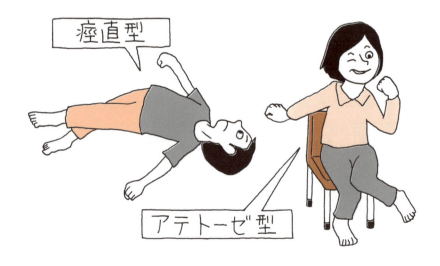

まひが起こる部位

　脳性まひは、まひが起こる部位によって、「四肢まひ」「両まひ」「片まひ」に分けられます。四肢まひは、両手両足にまひがみられます。両まひの場合には左右の腕もしくは左右の脚にまひがみられます。片まひの場合は、片側の腕と脚にまひがみられる状態です。

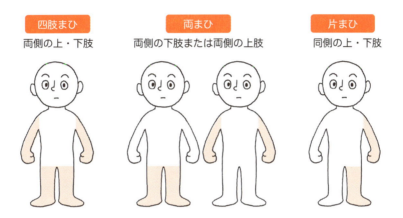

脳性まひの子どもの療育

　脳性まひの子どもたちは、定期的にリハビリを受けます。子どもの抱える課題によって行われるリハビリの内容はさまざまです。身体がまひしたまま筋肉や関節が固まってしまうのを防ぐためには理学療法や作業療法、言葉の発達や食べ物を飲み込むことに問題がある場合には言語療法を行います。姿勢を保持したり、関節を固定するために装具をつける場合もあります。

③ てんかん

てんかんとは

　てんかんは、100人に1人程度の割合で生じる脳の病気です。乳幼児期に発症しやすく、園で発作を起こすこともあります。薬を服用することによって、症状をおさえていきます。

てんかんの症状

　脳のなかでは、さまざまな電気信号が起こり、身体の動きがコントロールされています。てんかん発作が起こると、電気信号が過剰に発信されている状態になります。発作はけいれんや意識障害などさまざまなタイプがあります。子どもによくみられる発作として、意識を失って全身を緊張させてがくがくと突っ張る強直間代発作（きょうちょくかんたいほっさ）、急に身体の力が抜けて崩れるように倒れる脱力発作、筋肉がぴくぴくと動くミオクロニー発作、意識を失い反応がなくなる欠神発作（けっしんほっさ）があります。発作が起きた後は脳や身体が疲れているため、眠ってしまう子どももいます。

④ 心疾患

心疾患と知的障害

　心疾患があるからといって、知的障害が生じるわけではありません。しかし、心疾患を合併しやすい障害があります。たとえば、ダウン症の子どもの約半数が心疾患を合併しています。

　また、合併症がなくても長期間の入院によって、心身に発達の遅れが生じることがあります。心疾患の場合は、検査や手術のために長期間入院する場合があります。病院という限られた環境のなかで長く生活していると、年齢相応の刺激を受ける機会がなくなります。その結果、知的な遅れが生じることがあります。

心疾患とは

　心疾患のなかにはさまざまな種類があり、心臓の間の壁に穴が開いていたり（心室中隔欠損、心房中隔欠損）、心臓の血管に異常がある（肺動脈狭窄）ために、全身に血液を送り出すことが十分にできなくなるなど、心臓が正常に機能しない状態になっています。そのため、疲れやすかったり脈が速くなったりします。乳児のうちはミルクを飲むのに時間がかかり疲れてしまうため、哺乳量が少なくなり、なかなか体重が増えないことがあります。病気の状態によって、手術が必要な場合と経過観察をする場合があります。

⑤ 目・耳・鼻の疾患（視覚・聴覚に異常がある場合）

知的障害と目・耳・鼻の疾患の合併

　知的障害の原因となった病気に関連して、視力や聴覚に障害がある知的障害の子どもがいます。たとえば、ダウン症の子どもは斜視や屈折異常（近視、遠視、乱視）などがあり、視力が悪い場合が多いです。また、コルネリア・デ・ランゲ症候群、先天性風疹症候群など、聴覚障害と知的障害を合併しやすい病気があります。

視覚や聴覚に異常がある場合には

　視覚や聴覚に障害があり、物が見えにくかったり、音が聞こえにくい場合に、発達の遅れが生じることがあります。一般的に、子どもは物を見て色や形、大きさを把握したり、言葉を聞いて物の名前や発音の仕方、話し方を覚えたりというように、感覚から多くの情報を得ています。子どもは興味をもったものに手を伸ばしてふれる、まわりの人のまねをするといった行動を繰り返してさまざまな動きやものの使い方を身につけますが、見ることができない場合には、それが難しくなります。また、子どもが言葉を学ぶときには、大人の言葉を聞いて、まねをして話すことを何度も繰り返しますが、聴覚に異常がある場合には、聞いた言葉をまねることが難しくなるため、言葉の発達が遅れます。

⑥ 低出生体重児

低出生体重児とは

　出生時の体重が2500ｇ未満である子どもを低出生体重児といいます。乳児期から幼児期にかけて、運動面の発達が２～３か月遅れる場合があります。低出生体重児の８割程度の子どもは小学校に上がる頃までにほかの子どもたちに成長が追いつきます。知的な遅れがなく、通常学級に通っている子どももたくさんいます。

低出生体重児と知的障害

　低出生体重児にはADHDやLD（学習障害）が生じやすいこと、低出生体重児のなかでも妊娠28週未満で生まれた子どもや1000ｇ未満で生まれた子どもには脳性まひや知的障害が生じやすいことがいわれています。低出生体重児は、妊娠37週以前に生まれる早期産と妊娠37週を過ぎて生まれたけれど体重が少ない場合に分けられます。早期産の場合には、赤ちゃんの身体が発達しきれないまま生まれてくるので、体温調節や呼吸がうまくできません。そのため、体重が増えるまでは保育器で過ごすことになります。この場合には、知的障害だけでなく呼吸器疾患を合併していたり、感染症にかかりやすい状態になります。

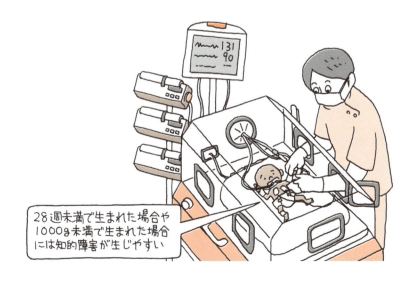

5 知的障害によって生じる身体的な問題

❶ 排泄の問題(おむつがなかなかとれない、排泄の感覚が弱い)

排泄の感覚が弱い

　排泄が自立するためには、まず尿意や便意を感じることが必要です。知的な遅れがある子どものなかには、尿意や便意を感じにくく「おしっこが溜まった」「ウンチが出そう」という感覚に気づかない子どもがいます。また、おむつやパンツの中でおしっこやウンチが出ていても、不快だと感じることがないために、そのままおむつやパンツの中に排泄し続けている場合があります。

排泄のための動作に問題がある

　排泄をするまでには、尿意や便意を感じる、トイレに行く、衣類を下ろす、おしっこ・ウンチをする、拭く、衣類を上げる…というように多くの動作が必要です。トイレの環境が嫌でトイレに行きたがらない、衣類の上げ下ろしがうまくできずにおむつがはずれない、便座に座るのが嫌でおむつの中に排泄してしまうなど、排泄に必要な動作のどこかにつまずきがあり、なかなかおむつがとれないことがあります。この場合はどこでつまずいているのかをよく観察して、原因に合わせた対処をします。

❷ 体の不調を訴えられない（痛みや暑さ・寒さなどの感覚が鈍い）

感覚が鈍い

　知的障害のある子どものなかには、痛みや温度を感じる感覚が鈍い子どもがいます。痛みの感覚が鈍い場合は、けがをしてもそのままの状態でいたり、頭が痛いといった身体の不調に気づくことができません。そのため、けがをしたら大人に言って手当てをしてもらう、頭が痛いなら横になって休むといった症状に応じた処置を受けられないことがあります。暑さや寒さなどの温度を感じる感覚が鈍い場合には、気温に合わせて衣類の調整ができず、寒いのに薄着で過ごして風邪をひいてしまったり、暑いなかで遊び続けていて熱中症になってしまったりというように、体調不良につながることがあります。

感じたことを伝えることが難しい

　知的障害のある子どもは、言葉の発達がゆっくりであり、気持ちを言葉で表現することが苦手です。そのため、感じたことをうまく伝えられず、身体の不調を訴えることができません。いつもよりもおとなしい、食が進まないなど、子どもに普段と異なる様子があった場合には、体調不良の可能性を考える必要があります。

❸ 体幹が弱い（ふにゃふにゃしている）

筋力の発達がゆっくりである

　知的な遅れのある子どもたちの多くは、身体を支えるための筋力の発達がゆっくりです。筋力の発達がゆっくりである場合、乳児期には首が座らない、ハイハイをするのが遅い、お座りができないなど、運動面の発達に遅れがみられます。また、抱っこをすると身体に力が入っておらず、ふにゃふにゃした感じがします。

筋肉の緊張が弱い

　筋肉の緊張が弱いと、姿勢が不安定になります。不安定な姿勢を無理やり正しい姿勢にしようとすると、身体に力が入り、筋肉がずっと緊張している状態が続きます。そうすると、体が疲れてしまいます。そのため、筋肉の緊張が弱い子どもたちには、床に寝そべってごろごろしている、いすに座っているときに背もたれや机にもたれかかる、まっすぐに立っていられないといった様子がみられます。また、口のまわりの筋力が弱い場合には、いつも口をあけてよだれが出たりします。

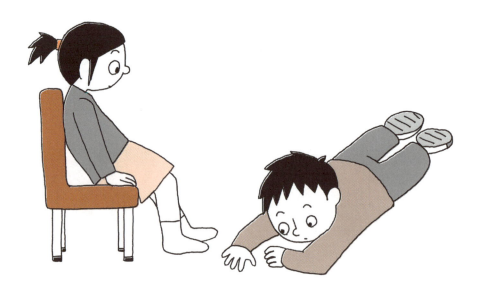

④ 手先が不器用

細かい動きが苦手

　日常生活のなかには、ボタンを留める、食器を使って食事をする、折り紙を折る、はさみで切るなど指先を使った動きがたくさんあります。知的障害のある子どもの多くは、指先を使った細かな動きが苦手で、日常生活に必要な動作ができない状態になっています。

同時に複数の動きをすることが苦手

　細かい動きが苦手であるだけでなく、同時に複数の動作をすることが苦手なことも不器用さの原因です。ボタンを留めるという作業のなかには、ボタンを見る、つまむ、引っ張るなど、さまざまな動きが含まれています。指先でボタンをつまみながら引っ張るというように、複数の動きを同時に行うことが難しいのです。

　不器用さがある場合には、ゆっくり見本を見せて一緒にやってみたり、その子どもができないところを先生が手伝ったりして、少しでも自分でやろうとしたらほめてください。

⑤ 運動が苦手

身体を思いどおりに動かすことが苦手

　一般的に、身体を動かすときには、自分の身体がどのくらいの大きさなのか、どれくらい動かすと手がまっすぐ伸びるのか、まっすぐ立っているのか、それとも横に傾いているのかなどを無意識のうちに認識しています。この認識がないと自分の身体を思いどおりに動かすことができません。知的障害のある子どもたちは、身体の大きさ、動かし方を認識する力が弱く、身体をうまく動かせない状態になりやすいのです。身体を思いどおりに動かすことができないと、運動をしても楽しくないため、やる気がなくなったり、運動に苦手意識をもちやすくなってしまいます。

同時に複数の動きをすることが苦手

　ボールやなわとびなど、物を使う運動をする場合には、物に注目してそれを目で追いながら自分の身体を動かすという複数の動きが必要になります。物に注意を向ける、目で見る、タイミングを計って身体を思ったところに動かすという複数の動きを同時に行うことが苦手で運動ができない状態になっている子どもがいます。

⑥ 肥満傾向

たくさん食べてしまう

　肥満になりやすい理由の一つに、満腹であると感じる感覚が鈍いために、おなかがいっぱいになる量を食べているのに食べ続けてしまうことがあります。また、目の前にあるものを全部食べなければならないと思って満腹なのに食べ続けてしまう場合もあります。

　さらに、強い偏食があり、決まったものしか食べないことがあります。お菓子はたくさん食べるけれども、野菜は全く食べないというように、バランスのよい食事を摂ることができないと、肥満につながります。

運動量が少ない

　知的障害のある子どもは、身体を思うように動かすことが苦手で、運動が好きではないことがあります。たくさん食べているのに、身体を動かす遊びや歩く機会が少ないと、肥満になってしまいます。

コラム

保育活動に参加できない理由は障害の種類によって異なる

　保育活動に参加できない子どものなかには、知的障害のある子どもに限らず、ADHDのある子ども、自閉症スペクトラムのある子どもなどがいます。活動に参加できない点は同じであっても、どのような障害であるかによって、参加できない理由が異なります。

　先生が絵本の読み聞かせをしている際に、話を聞けなくなってしまう子どもを例にします。知的障害のある子どもが絵本に興味を示さないのは、ストーリーを理解することが難しいために、どのような話かがわからず、絵本を楽しめないからです。また、ADHDのある子どもの場合には、話の途中でストーリーとは関係のないことを考えてしまい、絵本のストーリーがわからなくなってしまうためです。自閉症のある子どもは、挿絵の一部だけに興味を示し、その絵が出てこなければ興味がなくなってしまうことがあります。アスペルガー障害のある子どもは、自分で考えたルールと異なった状況になると、そこにこだわってしまい、話を聞けなくなってしまうことがあります。たとえば、「ネコとネズミが友だちである」という絵本の設定に対して、「ネコとネズミは友だちになれないはず」などと考えてしまい、内容を聞けなくなってしまうのです。

　活動に参加できない子どもがなぜ参加できないのかの理由を考え、子どもの特性に合った対応をすることが必要です。

第 2 章

知的障害のある子どもへの対応

1 知的障害のある子どもへの対応の基本

聞いてわかる言葉がどの程度あるのかを確かめよう

　知的障害のある子どもは、言葉で説明されただけでは、何を言われているのかを理解することが苦手です。特に、抽象的な内容や複雑な内容はわかりません。まずは、その子どもがどの程度の言葉を理解しているのかを確かめてください。「赤いクレヨンをちょうだい」という言葉を聞いただけで、その子どもが行動できれば、「赤」「クレヨン」「ちょうだい」という言葉を理解していることになります。

聞いてわかる言葉を増やすことを優先しよう

　「子どもがいくつかの単語しか話さないけれど大丈夫かな…」と、子どもから発せられる言葉が少ないことを心配する先生が多くいます。しかし、幼児期のうちは、子どもが話す言葉を増やすことよりも、聞いてわかる言葉を増やすことを優先してください。聞いてわかる言葉が増えていくことによって、多くの子どもは自分から言葉にして話すようになります。また、聞いてわかる言葉が増えることが子どもの思考力を伸ばすことにつながります。

目で見てわかる手がかりを用いよう

　子どもが言葉で指示されただけでは行動に移せない場合には、実物や絵カード、ジェスチャーなどの目で見てわかる手がかりを用いながら、伝えるようにします。たとえば、「帽子をかぶります」という指示だけで伝わらない子どもには、先生が子どもに帽子を見せて「帽子を」まで伝え、その後、先生が帽子をかぶる動作を見せながら「かぶります」と話します。その後、再度、子どもに帽子を渡して先生は子どもの手を取りながら、同じように「帽子を」と言いながら子どもに帽子を見せ、「かぶります」と言いながら、子どもに帽子をかぶせます。

　また、目で見てわかる手がかりがあれば、自分で判断できることが増えます。たとえば、靴の左右がわからない子どもには、靴の左右にイラストを描き、両足をそろえるとイラストが完成するようにするのです。

先生がモデルを示そう

　指示をした時に子どもがどのように行動すればよいのかがわからない場合には、先生がお手本を見せ、その後に子どもにまねをさせます。その際に、先生が言葉だけで、「〜しなさい」と伝えても、子どもは具体的にどうすればよいのかがわかりません。また、まねをさせる時にも、先生が子どもの手を取りながら、やり方をうながしていくと、子どもが行動しやすくなります。

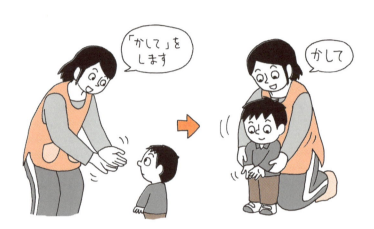

繰り返して定着を図ろう

　知的障害のある子どもは、教えた時にわかったことでも、次の機会にそれを行動に移すことができません。そのため、何度も繰り返し、定着させることが大切です。言葉に関しても、繰り返し伝えていくことによって、子どもがわかる言葉になります。また、行動についても、何度も繰り返すことによって、パターンとして覚えていけば、自分から行動していくことができるようになります。

　何よりも、「この子は繰り返し教えれば、できるようになる」と先生が信じ、あせらずに丁寧にかかわることが必要です。

手順を細かくして、伝えよう

知的障害のある子どもは、手順を細かくして伝えないと、先生の指示が理解できないことがあります。たとえば、「パジャマに着替えます」と伝えても、今、着ている服をどうすれば、パジャマに着替えられるのかがわかりません。手順を細かくして、一つずつ指示をしていきます。一つの動作ができたら、次の指示をしてください。

ほめることが大切

知的障害のある子どもは、集団で活動していると、できないことが目立ったり、まわりの子どもから遅れた行動や外れた行動をしていたりすることがあります。子どもにとっては、「何をどうすればよいのかがわからない」ことが原因です。叱るのではなく、子どもが少しでもやろうとしたり、先生と一緒に行動したり、先生の指示に従おうとしたときには、たくさんほめるようにしてください。

加配の先生と
どう連携をしたらよいの？

　知的障害のある子どもの行動のすべてに加配の先生が手を貸してしまうケースがあります。また、知的障害のある子どもが活動にあきてしまうと、加配の先生にだっこを求め、その先生が応じてしまうこともあります。加配の先生がこのような対応をしていると、知的障害のある子どもは、何でもその先生にやってもらおう、嫌なことがあるとだっこをしてもらおうと考えてしまいます。

　まず、担任と加配の先生で、知的障害のある子どもがどこまでできて、どこから支援が必要であるのかについて、情報を共有することが必要です。また、子どもが活動を嫌がったときに、どこまでやらせるのかを決めておくことが大切です。先生によって、子どもがやるべきことの程度が異なると、子どもが混乱し、担任が指示したときにはやるけれども、加配の先生だとやらないといったことが生じてしまいます。

　そのうえで、加配の先生は、知的障害のある子どもができないことだけを手伝うようにします。加配の先生のなかには、「子どもとかかわっていないと仕事をしていないと思われるのではないか」という不安をもっていることがありますが、先生の間で「子どもを見守ることも仕事」という共通の理解をもつことが大切です。

2 知的障害のある子どもへの具体的な対応の仕方

❶ 先生の指示がわからない

あきおくんは先生が全員に話をすると、ぼーっとしていたり、先生の指示とは違うことをしています。特に、初めて行う製作の際には、一人だけ先生の指示とは違う場所をはさみで切っていたり、違うところにのりで貼ったりと、違う行動をしてしまいます。

❓ あきおくんに、どう対応したらよいでしょうか？

A 先生の話をよく聞いて行動するように注意をする

B 全体とは別に、個別に指示をする

> **Answer** 答えは… B
>
> 全体とは別に、個別に指示をする

言葉だけでの指示を理解することが苦手

知的障害のある子どもは、いつも行っている活動であれば、先生が指示する言葉の意味がわからなくても行動することができます。しかし、初めての活動を言葉で指示されただけでは、単語の意味もわからず、また、文章全体で何を伝えられたのかもわかりません。つまり、どうすればよいのかがわからないので、結果的に先生の指示に従わない行動をしてしまうのです。

目で見てわかる手がかりを用いよう

初めての活動では、全体に指示をした後に、知的障害のある子どもに対して個別に対応することが必要になります。その際に、どこをどのようにすればよいのかが目で見てわかるように手がかりをつけるようにしましょう。たとえば、はさみで切る場所を先生がマジックで示します。「下から真ん中まで切ります」と伝えてもわからない子どもも、「線の上を切ります」と言えば、理解しやすくなります。

❷ 複数の指示を覚えられない

先生が複数の指示をすると、ゆかちゃんは何を指示されたのかを覚えられません。先生が三つの指示をすると、一つできればよい方で、だいたいは何もせずにその場で立ちすくんでいます。

❓ ゆかちゃんに、どう対応したらよいでしょうか？

A 一つずつ実物や絵カードを見せて伝える

B 先生が付き添って指示した内容を実行させる

Answer 答えは… A
一つずつ実物や絵カードを見せて伝える

▶ 指示の内容を理解すること、覚えておくことの両方が苦手

知的障害のある子どもは自閉症スペクトラムのある子どもやADHDのある子どもと同様に、複数の指示を覚えておくことが苦手です。しかも、指示されたことの意味を理解することが難しいという特徴があります。知的障害のある子どもに対しては、一つずつ指示するとともに、子どもが何を指示されたのかがわかるように、実物、絵カード、ジェスチャーを交えて伝えることが必要です。

▶ 先生が一緒に行動しすぎると子どもが自分で理解しようとしない

先生がいつも子どものそばにつき、先生と子どもが活動を行うようにしていると、子どもは指示された内容を自分で理解しようとする力が身につきません。子どもは先生がやってくれるだろうと感じ、ただ先生のそばにいて、動かされているに過ぎないケースが多くあります。一斉の指示とは別に、知的障害のある子どもに対して、個別に指示をするようにしてください。

③ 絵本や紙芝居の途中であきてしまう

先生がみんなに絵本を読んでいると、あきおくんは途中で床にゴロゴロと寝そべったり、手の空いている先生を見つけて、その先生のひざの上に座って、エプロンをさわったりして、絵本には全く興味を示しません。

❓ あきおくんに、どう対応したらよいでしょうか？

Ⓐ 絵本の内容を理解するのは難しいので、そっとしておく

Ⓑ 時々、簡単な内容の絵本を最初に読むようにして、あきおくんが絵本を楽しめるようにする

Answer 答えは… **B**

時々、簡単な内容の絵本を最初に読むようにして、あきおくんが絵本を楽しめるようにする

▶ 絵本は楽しいものであると感じられるように促そう

　知的障害のある子どもが絵本や紙芝居に興味をもてないのは、絵本の内容を理解することができないからです。いつも、まわりの子どもたちに合わせた内容の絵本や紙芝居を読んでいると、知的障害のある子どもは「絵本や紙芝居はわからないからつまらない」と感じてしまい、最初から聞こうとしなくなります。時々でよいので、知的障害のある子どもがわかる内容の簡単な絵本を取り入れ、「絵本を読んでもらうと楽しい」と感じられるようにしてみてください。

▶ 何もしないこと、無理やりやらせることはNG

　知的障害のある子どもが絵本に興味を示さないからといって先生が何も対応しないと、いつまで経ってもその子どもは絵本に興味をもてません。しかし、無理やり絵本の前に座らせ、じっと見ているように強制する対応も、その子どもにとっては苦痛です。

　その子どもが理解できる内容の絵本を読んだときに、子どもが少しでも興味をもって見ていたら、たくさんほめ、絵本の時間が楽しいものになるようにしましょう。

❹ 集団行動では、いつも最後になってしまう

ゆかちゃんは、毎日行っている行動でも、いつも最後になってしまいます。たとえば、まわりの子どもたちが午睡前に着替えをして布団に入っていても、ゆかちゃんだけ着替えをしています。

❓ ゆかちゃんに、どう対応したらよいでしょうか？

A 絵カードを用いて、次に何をすればよいのかがわかるヒントを示す

B まわりの友だちが何をしているのかを意識させる

Answer 答えは… A
絵カードを用いて、次に何をすればよいのかがわかるヒントを示す

急かしてもやるべき行動がわからなければ行動に移せない

　知的障害のある子どもは、毎日行っている活動であっても、いくつかの行程を含んでいると、次の行動がわからなくなってしまい、動作が止まってしまうことがあります。絵カードを用いて、今は何をやっているときで、次は何をするのかの手がかりを示すことによって、行動しやすくなります。まわりの様子を見ながら、急かしたところで、子どもはあせるだけで、何をやればよいのかがわからず、行動に移せません。また、あせることによって、ズボンの片方に両足を突っ込んでしまうなど、ミスを生じさせてしまいます。

行動しやすい物や道具を用意してもらおう

　知的障害のある子どもの多くは手先が不器用であるため、小さなボタンがある服、ジッパーのついた服などは着脱が難しく、動作が遅れてしまうことがあります。まずは、着替えやすい服装など、子どもが行動しやすい物や道具を保護者に用意してもらいましょう。いつも集団行動で最後になっていた子どもが、まわりの子どもと同じペースで行動できると、「次もみんなと一緒にがんばろう」という気持ちになります。

⑤ 言いたいことを言葉で表現できない

あきおくんは簡単な言葉（ママ、イヤなど）は話しますが、それ以外は自分の伝えたいことを言葉で表現できず、泣いて訴えます。自分が使っていたおもちゃを友だちが使いだしても、その場で泣いているだけです。

❓ あきおくんに、どう対応したらよいでしょうか？

A 「かして」「やめて」などの言葉を覚えさせ、その場面で使えるように促す

B 自分の気持ちを伝えるサインを練習させる

Answer　　　　　　　　　　　　　答えは… B
自分の気持ちを伝えるサインを練習させる

🞂 言葉で伝えることにこだわらず、状況に合わせて表現できることを大切にしよう

　知的障害のある子どもにしゃべらせることにこだわってはいけません。言葉で伝えることだけを教えていると、実際の場面でとっさに言葉が出てこず、無理やり友だちの物をとったり、ただ泣くだけで終わってしまいます。まずは、サインやジェスチャー、絵カードなど、子どもが自分で表現しやすい方法を準備してください。

🞂 子ども自身で表現できるように先生と練習することが大切

　最初は、先生が子どもの後ろにまわり、子どもの手を取りながら「ちょうだい」のサインを教えることから始めます。その際に、先生は「ちょうだい」と言葉に出してください。それができるようになったら、ほかの先生に協力してもらいます。子どもと一緒に協力者の先生のところに行き、子どもの手を取りながら「ちょうだい」のサインをするように子どもに促します。次に、先生に対して子どもが一人で「ちょうだい」のサインができるように促します。その後、実際の場面でまわりの子どもたちに対して「ちょうだい」のサインが出せるようにしていきます。

6 絵を描く活動を嫌がる

ゆかちゃんは、設定保育で絵を描く活動をする際に、なかなか取りかかることができません。また、自由遊びの時間にも、多くの子どもたちが絵を描いて遊んでいても、ゆかちゃんは絵を描いて遊びません。

❓ ゆかちゃんに、どう対応したらよいでしょうか？

A 具体的な大きさや場所を示して、どのように描いたらよいのかを伝える

B 先生が子どもの手を取って、一緒に絵を描くようにする

 **Answer** 答えは…

具体的な大きさや場所を示して、どのように描いたらよいのかを伝える

見本を示されただけでは、子どもはどう描いてよいのかがわからない

　知的障害のある子どもは、自由に絵を描くように求められても、何をどのようにすればよいのかがイメージできません。また、見本が横にあっても、まねをして同じように描けません。なぜならば、見本の絵のどの部分をどこから描き始め、どの大きさでどちらの方向に描けばよいのかがわからないからです。先生が見本の絵を分解して、まずは顔の大きさや形を伝え、それができたら目の大きさや位置を示すというように、具体的に伝えることが必要です。

自分で描く楽しさを感じさせよう

　絵を描くことが苦手だからといって、先生が子どもの手を持って描いてしまうと、子どもは「先生に描いてもらっている」という意識になり、「自分で描いている」という気持ちをもてません。そうすると、いつまで経っても、子どもは「先生がいなければできない」と考え、自分から絵を描こうという気持ちが育ちません。

　そもそも手先が不器用な子どもが多いので、握りやすい太さのクレヨンやペンを用意したり、スタンプやシールなどを活用して、楽しく描けるような工夫をすることが大切です。

❼ お漏らしが多い

あきおくんは4歳ですが、お漏らしが多く、遊んでいる最中によく漏らしてしまいます。「おしっこに行きたくなったら、先生に教えてね」と伝えていますが、なかなか言いに来られません。遊びに夢中になっているときに、お漏らしをすることが多いです。

❓ あきおくんに、どう対応したらよいでしょうか？

A 遊びに夢中になってトイレに行かないのはよくないと教える

B ある一定時間になったらトイレに誘い、排泄ができたらたくさんほめる

Answer 答えは… B
ある一定時間になったらトイレに誘い、排泄ができたらたくさんほめる

⇨ お漏らしを注意しても効果はない

ゆっくり発達する子どもが、自分で尿意を感じたり、尿意を感じてからトイレまでがまんすることはとても難しいことです。お漏らしをしたことを大人が叱っていると、子どもは叱られないために、お漏らしをしたことを隠そうとしてしまいます。叱るよりも、一定の間隔を決めて子どもをトイレに連れて行き（定時排泄）、そこで排泄できたらたくさんほめるようにします。

⇨ 定時排泄の後は段階的に指導をしよう

定時排泄をすることによって、子どもは膀胱におしっこをためるリズムをつくることができます。定時排泄がある程度できるようになり、排泄前に子どもがもぞもぞとおしっこをしたいという動きを見せたら、「おしっこだね」と意識させます。

おしっこがたまることを子どもが何となくわかってきたら、ジェスチャーや絵カードを用いておしっこに行きたいことを先生に伝える練習をします。最初は、おしっこに行きたくなってから、先生に伝えるまでの間に漏らすかもしれませんが、伝えることができたら、叱らずにほめます。その後、おしっこを伝えてから我慢する時間を少しずつ延ばしていきます。

⑧ まわりの子どもたちがつくった積み木を倒してしまう

ゆかちゃんは、まわりの子どもたちが積み木で遊んでいると、笑いながら積み木を倒していきます。まわりの子どもたちが嫌がっていても、ゆかちゃんは笑っていて、悪いことをしている意識がありません。

❓ ゆかちゃんに、どう対応したらよいでしょうか？

Ⓐ 積み木を倒された友だちの気持ちを伝え、倒さないように教える

Ⓑ 倒して遊んでよいおもちゃを用意する

Answer　　　　　　　　　　　　答えは… B

倒して遊んでよいおもちゃを用意する

● 感覚を楽しむ段階の発達であることを理解しよう

知的な発達がゆっくりな子どものなかには、物をつくって遊んだり、何かに見立てて遊んだりすることができない場合があります。その子どもたちは、物を倒してその時に出る音や落ちていく様子を楽しむといった、目や耳ですぐに感じることができる遊び（感覚遊びといいます）を好みます。感覚遊びは、1・2歳の子どもが楽しむ遊びですので、感覚遊びでしか楽しめない子どもは、知的な発達がその段階であるということなのです。

● 相手の気持ちを伝えてもわからない

感覚遊びを楽しんでいる子どもに、相手の気持ちを考えてその行動をしないように注意しても、そもそも相手の気持ちがわからないので、効果はありません。その子どもが遊びを満足できるように、音が出るおもちゃを用意したり、ほかの子どもが遊んでいるおもちゃとは別に、倒してもよい積み木やブロックを準備し、それで遊べるようにしていきましょう。倒してもよい積み木は、ほかの子どもが使うものと形や色、材質などが違うほうがよいです。

❾ まわりの子どもたちの遊びに入れない

クラスの友だちが遊んでいるなかにあきおくんも入りたいのですが、あきおくんは、ルールがわからないため、まわりの子どもたちから敬遠されてしまいます。遊びの輪に入っていたはずだったのに、いつの間にか輪から外れていて、一人でいることがよくあります。

❓ あきおくんやまわりの子どもたちに、どう対応したらよいでしょうか？

A 仲間外れにすることはよくないことであり、みんなで遊ばなくてはいけないと教える

B ルールがわからないところは先生と一緒に参加するようにする

Answer 答えは… **B**

ルールがわからないところは先生と一緒に参加するようにする

一緒に遊べる環境をつくらなければ、仲間に入れない

　知的障害のある子どもは、遊びのルールをなかなか理解できません。また、まわりの子どもたちと協力したり同じように動くことが苦手であるために、まわりの子どもたちと一緒に遊べません。まわりの子どもにとっても、知的障害のある子どもが入ると、ルールが崩されてしまったり、ペースが乱されてしまったりするため、一緒に遊びたくないと感じてしまいます。知的障害のある子どもも一緒に遊べるような環境にならなければ、いくら先生が「仲間外れはいけません」と教えても効果はありません。

先生が一緒に参加する割合を少しずつ減らしていきましょう

　鬼ごっこを例に説明します。知的障害のある子どもがみんなと同じように走り回ることはできても、「タッチをされると鬼になり、誰かをタッチしなければならない」というルールがわからなければ、その子どもが鬼になったときだけ先生が手をつないで走ります。先生が一緒に参加する割合を少しずつ減らしていき、徐々に子どもだけで遊べるように促していきます。

⑩ 靴の左右がわからない

ゆかちゃんは、よく靴の左右が間違っています。「靴の右と左が逆よ」と指摘すると、履き直すのですが、次に履くときには、また左右が逆になっていることがあります。

❓ ゆかちゃんに、どう対応したらよいでしょうか？

A 右と左にそれぞれ、手がかりになる印をつけておく

B 右と左にイラストを描いておき、靴を合わせるとイラストが完成するようにする

Answer 答えは… **B**

右と左にイラストを描いておき、靴を合わせるとイラストが完成するようにする

はっきりとわかる手がかりを用いよう

　知的障害のある子どもにとって、上下左右を把握することはとても難しい課題です。特に左右は手がかりが少なく、小学生以降になっても間違えることが多いです。知的障害のない子どもは、「右はリス、左はうさぎ」などの手がかりで区別できることがあります。しかし、知的障害のある子どもは、そもそも右がどちらであるかを把握したり、リスがどっちであるかを理解すること自体ができないことが多いのです。そのため、単純に、組み合わせると絵やマークが完成するようにしておきます。

物によって、マークを変えよう

　知的障害のある子どものなかには、その子どもが履く靴のすべてに同じイラストを用いると、左足は上靴で右足は運動靴を履いているというように、靴の種類が異なっていることがあります。そのため、子どもによっては、靴ごとにイラストを変える必要があります。

⓫ 服の裏表、上下左右がわからない

あきおくんは着替えの際に、服の前後や裏表がわからず、いつもとまどっています。Tシャツやスモックなどのかぶるタイプの洋服は、何とか自分で着ることができますが、前後が逆になったままでいることがよくあります。

❓ あきおくんに、どう対応したらよいでしょうか？

A 洋服のタグを目印にして、前後や裏表を判断できるようにする

B 服の背面にマークをつけ、マークを手がかりにできるようにする

Answer 答えは… **B**

服の背面にマークをつけ、マークを手がかりにできるようにする

▶ 前後左右の概念を教えるよりも、マークを意識させよう

　タグは服によって、首元についている場合と脇についている場合があります。服の内側についていることもあり、タグを頼りに前後や裏表を判断することは知的障害のある子どもにとってかなり難しい課題です。そこで、かぶるタイプの服には、背面に子どもが好きなマークを保護者につけてもらいます。洋服を着る際には背面のマークが上になるように置くことを教えます。背面のマークが見えるように机に置くことができるようになったら、マークの横を持って、洋服を着るようにしていきます。

▶ 同じ位置に、同じマークをつけるようにしよう

　かぶるタイプの洋服や下着には、同じ位置に同じマークをつけてもらうように保護者に依頼してください。最初は先生がそばについて、「星のマークが上になるように机に置きます」「マークの横を持ちます」などと言葉にしながら、一緒に着替えていきます。先生は援助する部分を徐々に少なくして、子どもがマークを手がかりに自分の力で着替えられるように促します。

12 ボタンを留められない

ゆかちゃんは、午睡前にパジャマに着替える際に、パジャマのボタンをなかなか留めることができずにいます。何とかボタンを留められたと思っても、ボタンとボタンの穴の場所がずれていることがよくあります。

❓ ゆかちゃんに、どう対応したらよいでしょうか?

A ボタンの留め外しは難しいので、先生が代わりに行う

B 最初はマジックテープで留めることから始める

Answer 答えは… B
最初はマジックテープで留めることから始める

➡ スモールステップで練習をしよう

　知的障害のある子どもは手先が不器用であるためにボタンの留め外しがなかなかできません。そのうえ、ボタンとボタンの穴の位置を合わせることもわかりにくいです。しかし、先生が子どもに代わってボタンの留め外しをすべてやってしまっていては、子どもは自分でボタンのある服を着ようとしなくなってしまいます。

　そこで、子どもができるところからスモールステップでボタンの留め外しの練習をしましょう。最初は、ボタンの後ろにマジックテープをつけてもらうように保護者に依頼します。また、それぞれのボタンの色を変えておきます。まずは、同じ色のボタンをマジックテープで押さえれば着られるようにします。

　それができるようになったら、ボタンの穴ではなく、ループ状のゴムをつけて、ゴムでボタンを留められるようにします。その際も、ゴムの色はボタンの色と合わせます。それができるようになったら、ボタンの穴にボタンを留め外しする練習をします。この際も、ボタンの穴の色とボタンは同じ色にしておきます。先生が途中までボタンを穴に入れて、それを子どもが引っ張り出すところから行ってください。

⓭ 集団活動に参加しようとしない

あきおくんは、運動や製作などをみんなでやろうとすると、すぐに嫌になってしまい、床に寝そべったり、ふらふらと立ち歩いたりします。一度、嫌だと思うと、その場で座り込んでしまい、なかなか動きません。

❓ あきおくんに、どう対応したらよいでしょうか？

A だっこをしてみんなと同じ活動に参加させる

B 目で見てわかる手がかりを用いて活動の内容を説明し、本人ができる範囲で参加させる

Answer　　　　　　　　　　　　　答えは… B

目で見てわかる手がかりを用いて活動の内容を説明し、本人ができる範囲で参加させる

▶ 目で見てわかる手がかりを用いて、先の見通しをもたせよう

　今、何をどのようにするのかがわからない、いつまでするのかがわからない、この後にどのような活動があるのかがわからないために、活動に参加できません。今は子どもにとって興味がわかない活動であっても、次に子どもが好きな活動があることが絵カードによって示されれば、子どももその部分は参加しようという気持ちをもつことができます。すべての活動に参加することは難しくても、一部分でも参加しようという気持ちを子どもがもてるように促すことが大切です。

▶ 目で見てわかる手がかりを用いて参加しやすくしよう

　ルールややり方がわかれば、参加できる場合があります。活動の前に、イラストを用いてルールややり方を説明しておくと、子どもは理解しやすくなります。また、ルールややり方を単純化して、視覚的に理解しやすい方法に変えることも大切です。たとえば、鬼ごっこのルールがわからない子どもも、しっぽ取りゲームであれば、誰を追いかけるのかがわかりやすく、参加できます。

⑭ 食事の際に手づかみで食べる

ゆかちゃんは食事の際に、右手にフォークを持っていても、つい左手を食器に入れて手づかみで食べてしまいます。先生に「フォークを使って食べます」と言われても、すぐに手づかみになってしまいます。

❓ ゆかちゃんに、どう対応したらよいでしょうか？

A 手で食べてはいけないと注意する

B 手づかみをしている手を制止しながらフォークで食べることを促し、できたらほめる

Answer 答えは… B
手づかみをしている手を制止しながらフォークで食べることを促し、できたらほめる

● 叱るよりもほめてフォークを使うように促そう

　知的障害のある子どもは、手先が不器用であるため、フォークやスプーンを使って食事をすることが苦手です。フォークやスプーンでうまく食べ物をすくえないことが続くと、つい手づかみで食べようとしてしまいます。手づかみで食べることを叱るのではなく、フォークやスプーンで食べることを促し、少しでもフォークやスプーンで食べようとする様子がみられたら、「フォークで食べようとしているね。偉いね」などとたくさんほめてください。

● 子どもの発達段階に合わせて使いやすい食器を用意しよう

　まわりの子どもたちがはしを使っている年齢であっても、その子どもがはしを使えるほど指先が発達していなければ、まずはフォークやスプーンで食べることを許容してください。なお、フォークやスプーンの柄が細い場合に、うまく力が入らず、握りにくいことがあります。柄の太いものを使う、グリップをつけて太くする工夫が必要です。また、縁が深いお皿を用いると、すくいやすくなり、子どもは食べやすくなります。

⑮ 食事の際に立ち歩く

あきおくんは、食事の途中でふらふらと席を立って、おもちゃのある所に行ったり、廊下をのぞきに行ったりします。先生に注意をされると、席に戻りますが、しばらくするとまたふらふらと立ち歩いてしまいます。

❓ あきおくんに、どう対応したらよいでしょうか？

A 「おもちゃで遊びたかったのね」などと子どもの気持ちを代弁する

B 食べる量を子どもに決めさせ、それまでは座って食べるように促す

> **Answer** 答えは… **B**
> 食べる量を子どもに決めさせ、それまでは座って食べるように促す

🠖 食べる量を自分で決めさせよう

食事の途中で立ち歩く子どものなかには、食事にあきてしまっていることがあります。そのような子どもに完食することを目標としたら、いつもいやいや、食事をすることになってしまいます。まずは、子ども自身にどこまで食べたら終わりにするのかを決めさせ、そこまでは座って食べるように促します。その際に、少しの時間でも座って食べていたら、ほめるようにしてください。

🠖 立ち歩いてもよいことがあるという学習をさせてはだめ

子どもが立ち歩いた時に、「遊びたかったのね」などと先生が対応していると、「立ち歩くと先生がかまってくれる」と学習してしまい、一向に改善されません。

また、家庭の場合には、食べ歩いたら片づけるというルールをつくり、それを徹底する方法があります。ただし、その後に子どもがお腹がすいて食べ物を要求しても、初めから決められた時間のおやつや食事以外は与えてはいけません。なぜなら、後から好きな物を食べられることを学習してしまうと効果がないからです。

⑯ わからないことがあって、じっとしている

ゆかちゃんは、製作活動をしているときに、どのようにすればよいのかがわからなくなると、不安そうな顔をしながら、何もせずにじっとしています。いつも、「わからなくなったら、先生に聞いてね」と声をかけますが、なかなか質問をすることができません。

❓ ゆかちゃんに、どう対応したらよいでしょうか？

Ⓐ 先生から声をかけ、次にすることを一緒に考える

Ⓑ 先生に質問をしないと、もっとわからなくなってしまうと教える

> **Answer** 答えは… **A**
> 先生から声をかけ、次にすることを一緒に考える

● 子どもは、何がわからないのかがわからない

子どもが先生に声をかけられずにじっとしているのは、子ども自身が「何がわからないのか、何をどう尋ねればよいのかがわからない」状態であるためです。また、先生に質問をしたら「話を聞いていなかったから」と叱られた経験のある子どもは、質問することに不安を高めてしまいます。先生から子どもに声をかけ、つまずいている部分を明らかにして、次にやることを明確にすると、子どもも先に進むことができます。

● まねをする人を伝えておこう

子どもがどうすればよいのかがわからなくなってしまったら、誰のまねすればよいのかを具体的に伝えます。たとえば、「あやかちゃんと同じことをしてごらん」などと伝えると、行動しやすくなります。「まわりのお友だちをみてごらん」などの大雑把な伝え方では、誰をみればよいのかがわからないので、結果的に行動に移せません。

17 運動会でリレーのルールがわからない

あきおくんの園では、運動会のメイン競技にクラス対抗のリレーがあります。しかし、あきおくんは、リレーのルールがわからず、バトンを受け取る前に走り出してしまいます。

❓ あきおくんに、どう対応したらよいでしょうか？

Ⓐ あきおくんはバトンを持たずに、先頭のランナーとして走るようにする

Ⓑ 先生がバトンを受け取り、あきおくんと一緒に走るようにする

Answer 答えは… **A**

あきおくんはバトンを持たずに、先頭のランナーとして走るようにする

本人ができる部分での参加の仕方を考えよう

リレーには、バトンを受け取る、決められたコースを走る、次の走者にバトンを渡すなど、理解しなくてはならないルールがいくつもあります。知的障害のある子どもは、これらのルールを理解して、実行することが難しいのです。バトンの受け渡しができないからリレーに参加させないようにするのではなく、受け渡しをしなくても「コースを走る」という部分的な参加をすればよいと考えてください。

先生の支援が目立ちすぎないように配慮しよう

先生が子どもの伴走をすると、運動会では目立ってしまいます。バトンの受け渡しの問題は解決できますが、保護者の気持ちを考えると、避けたほうがよいです。知的障害のある子どもがどこを走ればよいのかがわからない場合には、一緒に走る子どもに、知的障害のある子どもと同じスピードにするように言っておきます。隣に、モデルになる子どもがいることによって、知的障害のある子どももコースを走ることができます。ただし、この場合には、一緒に走った子どもは、再度、走れるようにしておき、その時に精一杯走り、力を発揮させるようにします。

18 発表会で周囲の子どもと同じようにできない

ゆかちゃんのクラスは、発表会で楽器演奏をします。ゆかちゃんは、鍵盤ハーモニカを担当することになりましたが、メロディーを覚えることができず、音を間違えたり、音を出してはいけない時に音を鳴らしてしまいます。

ゆかちゃんに、どう対応したらよいでしょうか？

A 個別で練習する機会を多くする

B 限られた音の鍵盤の上にシールを貼っておく

Answer　　　　　　　　　　　　答えは… B
限られた音の鍵盤の上にシールを貼っておく

🔸 すべての鍵盤の上に色違いのシールを貼っても覚えられない

　鍵盤に色の違うシールを貼って鍵盤の位置を覚えさせているケースをよくみます。定型発達の子どもであれば、ドは赤、レは黄色、というようにすべての音を色で置き換えて覚えていくことができるようになります。しかし、知的障害のある子どもにとっては、すべての鍵盤の上にシールが貼ってあると、どの音が何色であるのかを覚えておくことができず、結果的に演奏できないままです。その子どもの発達に応じて、ドとソだけ、ドだけなどと音を限って、鍵盤にシールを貼るようにします。

🔸 子どもが発表会で演奏を楽しめることが大切

　鍵盤を押すタイミングは、先生が目で見てわかる手がかりを提示します。たとえば、先生が赤のカードを出したらドを押す、青のカードを出したらソを押す（鍵盤にはドには赤、ソには青のシールを貼っておく）、というようにします。自分がみんなと一緒に音を出して参加できていると子どもが感じられるようにしてください。

　なお、その子どもだけ個別に練習することは必要ですが、ほかの子どもよりも多くの練習を強いると、鍵盤ハーモニカを見せるだけで嫌がるようになることがあります。また、鍵盤ハーモニカに綿をつめて、音が出ないようにするのはもってのほかです。

第 3 章

知的障害のある子どもをもつ
保護者への支援

1 知的障害のある子どもをもつ保護者への支援の基本

ある程度のコミュニケーションを取れる子どもの場合には、保護者は子どもの状態に気がつかない

　知的障害のある子どものなかには、3歳以降になっても全く言葉を話さない子どももいれば、ある程度のコミュニケーションを取れる子どもまでさまざまです。子どもが3歳以降になっても言葉を話さない、コミュニケーションがほとんど取れない場合には、保護者もわが子がほかの子どもと違うことを、ある程度、認識しています。しかし、簡単なコミュニケーションが取れる場合には、保護者はわが子の状態になかなか気がつきません。それだけでなく、先生が園での子どもの状態を伝えても、すぐには受け入れられないことが多いです。

保護者はなぜ子どもの状態に気がつかないか

　子どもの問題は集団活動をしているときによく現れます。しかし、家庭のなかでは子どものペースに合わせて生活していたり、保護者が先回りをして手を貸してしまっていたり、子どもが言葉にしなくても何を言いたいのかがわかってしまったりするため、保護者は問題ないと感じてしまいます。

また、乳幼児健康診査などで問題にならないことがあります。乳幼児健康診査では医師や保健師がかかわる時間が限られているため、子どもの状態に気づいてもらえないことがあります。さらに、慣れていない環境に適応するのに時間がかかる子どもたちのなかには能力を発揮できないケースがあるため、発達の遅れなのか、環境に慣れていなくて課題ができないのかの判断が難しく、見過ごされてしまうのです。

障害受容には時間がかかる

　子どもの障害の程度に差はあっても、わが子がほかの子どもと違うことに気づいてから、「この子にはこの子の育ちがある」と思えるようになる（障害を受容する）まで、さまざまな過程をたどります。その過程には、「いつか、ほかの子どもに追いつくはずだ」などと考えて子どもに無理な訓練をさせたり、「誰も自分のことをわかってくれない」などとまわりを責めたり、気持ちがふさぎ込んだりする時期があります。

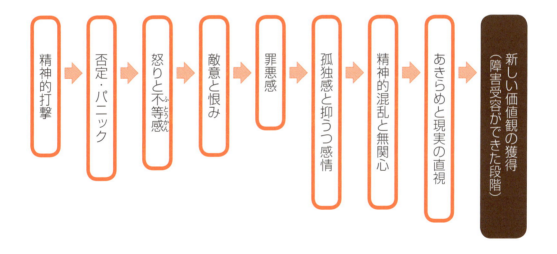

障害のある子どもをもつ保護者の障害受容の過程

受容の過程はらせん階段を登っているようである

　子どもが成長し、できることが増えてきたり、コミュニケーションが取れるようになってくると、「知的な面での問題はなくなったのかもしれない」と考える保護者がいます。しかし、その後、同年齢の子どもとわが子を比べて、ひどく落ち込んだりすることがあります。このように、知的障害のある子どもをもつ保護者がわが子の障害を受容する過程は、行きつ戻りつしながら進みます。「らせん階段を登っている」ようだといわれることがあります。先生は、保護者がどの過程にいるのかを考えながら、寄り添うことが必要です。

保護者の不安に耳を傾け、受け止めよう

　保護者は、療育機関や医療機関で子どもに知的な遅れがあることを指摘され、ある程度、わが子の状態に目を向けられるようになっても、どのように子育てをしたらよいのか、将来はどうなるのだろうかなどと悩みがつきません。このような保護者に対して、先生がすべきことは保護者の不安に耳を傾け、うなずき、受け止めることです。

　ときには「先生の子どもは障害がないから、私の気持ちなんてわからない」と先生が責められることがあるかもしれません。しかし、保護者が子どもの障害を受け入れるために葛藤している最中であると思って、そのときは上手に聞き流してください。

遠慮がちな保護者には園でできることを伝えて安心させよう

　知的障害のある子どもをもつ保護者のなかには、わが子に手がかかることを申し訳なく思い、先生が子どもへの対応について保護者に相談しても、「これ以上、迷惑をかけては申し訳ない」などと言って、先生に対していつも遠慮がちに接していたり、常に「すみません」とあやまってばかりいたりするケースがあります。このような保護者に対しては、「絵カードはほかのお子さんにも使っているので、負担はないですよ」「ここまでのことはできるので、気にしないでください」などと伝えて保護者を安心させることが必要です。また、保護者にも協力を依頼し、一緒に子どもを育てていこうとする姿を見せるようにします。

2 保護者への具体的な支援の仕方

① 保護者と連携して子どもを育てるために先生がすべきこと

こうたくんの保護者は、こうたくんがほかの子どもよりも発達がゆっくりであることに気がついています。しかし、こうたくんだけに加配の先生がついていたり、絵カードを使ったりすることは、ほかの保護者の目を気にして、とても嫌がります。

❓ こうたくんの保護者に、どう対応したらよいでしょうか？

A 保護者の気持ちを考えて、ほかの子どもと同じように対応する

B 子どもの発達にとって必要な支援であることを説明する

Answer 答えは… B
子どもの発達にとって必要な支援であることを説明する

◯「障害児の親」とみられることを怖がっている

知的障害のある子どもの保護者のなかには、周囲の保護者がわが子を「障害児」とレッテルを貼り、子どもや自分を特別視したり、避けたりするのではないかと不安に感じている人がいます。そのような保護者は、周囲からレッテルを貼られるぐらいならば、わが子にほかの子どもと同じように対応してほしいと考えてしまうのです。

◯ 子どもの特性に応じて支援することの必要性を伝えよう

まずは、保護者がまわりの人たちからわが子を障害児と思われたくないという気持ちを受け止めます。そのうえで、子どもが支援を受けずに園での生活を送れば、指示がわからずに周囲と同じように行動できなかったり、まわりの子どもたちから「できない子」と思われてしまうため、子どもがつらい思いをすることを伝えます。つまり、支援をすることが差別につながるのではなく、支援をしないことのほうが子どもが園での生活を楽しめないこと、周囲からのいじめや疎外の原因になることを話します。

❷ 将来への不安を語る保護者への対応

　ひなたちゃんは、5歳で年長組にいます。ひなたちゃんは毎日のように繰り返し行っている朝の支度や食事の準備などは問題なくできるようになりましたが、ルールのある遊びや指示を理解して行動しなくてはならない活動はほとんど参加できません。ひなたちゃんの保護者は、ひなたちゃんがこの先、どのように成長するのか、進学先をどうしたらよいのかが不安になっています。

❓ ひなたちゃんの保護者に、どう対応したらよいでしょうか？

A　今後、大きく成長する可能性があることを伝え、不安を取り除いてもらう

B　過去に対応した、ひなたちゃんに似た特徴のある子どもの成長過程を伝える

Answer　　　　　　　　　　　　　　　答えは… B

過去に対応した、ひなたちゃんに似た特徴のある子どもの成長過程を伝える

期待をもたせ過ぎるようなことを言うのはNG

　知的障害のある子どもをもつ保護者は、就学先だけでなく、その後の子どもの成長がどうなるのかについて、さまざまな不安を抱えています。その際に、根拠なく「これから大きく成長する可能性もある」などと期待させるような発言をすると、周囲の子どもとの差がどんどん広がっていったときに保護者がさらに不安になったり、ショックを受けたりします。また、漠然と「大丈夫」などと伝えると、保護者にとってはより強く不安を感じることになります。

子どもの成長について、先の見通しをもたせることが大切

　保護者にとって、わが子がどのような成長過程をたどるのか、どの就学先を選ぶことが子どもにとってよりよい選択なのかを具体的にイメージできるような情報が必要です。その際に、過去に担当した知的障害のある子どもが、小学校に入ってどのように生活しているのかなどの実例をあげながら話をすると、保護者は先の見通しをもつことができるようになります。可能であれば、過去に担当した子どもの保護者から直接、その保護者に話をしてもらえるようにすると、保護者同士のつながりができ、保護者の気持ちの支えになります。

３ ほかの保護者の間になかなか入ることができない保護者への支援

たくやくんの母親は、たくやくんのせいで活動が中断したり、先生がつきっきりになったりするため、クラスメイトに迷惑をかけていると感じているようです。そのため、保護者会などでは、ほかの保護者と話をすることがなく、いつも下を向いて遠慮がちになっています。保護者間で話をする際にも、なかなか入ることができないようです。

❓ たくやくんの保護者に、どう対応したらよいでしょうか？

Ａ　先生が間を取りもって、保護者間の会話を促してみる

Ｂ　保護者間のことには口を出さない

Answer 答えは… A
先生が間を取りもって、保護者間の会話を促してみる

● 知的障害のある子どもをもつ保護者には引け目がある

　基本的には、保護者とは適度な距離をとり、人間関係に入り込みすぎないことが必要です。それは、無用な問題に巻き込まれないためです。しかし、知的障害のある子どもをもつ保護者は、まわりの保護者に引け目を感じたり、発達のスピードが違うから自分が話してはいけないだろうなどと思い込んでいたりして、なかなか保護者の輪に入ることができません。知的障害のある子どもをもつ保護者も、定型発達の子どもをもつ保護者も、子どもをもつ保護者としては同じであり、共通した悩みを抱えていることが多くあります。先生が少し仲立ちをするだけで、知的障害のある子どもをもつ保護者がまわりの保護者との関係をもちやすくなります。

● 保護者会で子どものことを話してもらうと理解者を増やすことができる

　知的障害のある子どもをもつ保護者が了承すれば、保護者会などでクラスの保護者に子どものことを話してもらう機会をもつとよいでしょう。クラスの保護者に知的障害のある子どもの特性や生い立ちなどを伝えてもらうのです。保護者の味方になってくれる人が増えるだけでなく、子ども同士でトラブルがあったときにも、相手の子どもの保護者が知的障害のある子どもの気持ちを代弁してくれるなど、子どもの理解者にもなってくれます。

第 4 章

周囲の子どもたちへの対応

1 知的障害のある子どもに対する周囲の子どもへの理解教育の基本

子どもたちの気持ちを受け止めることから始めよう

　知的障害のある子どもは、嫌なことがあっても言葉で表現できないために、相手をたたいてしまうことがあります。また、みんなと一緒に遊びたいと思っていても、ルールを理解できずに、ルールと違う行動をとったり、ほかの子どものつくったものを壊してしまったりすることがあります。このようなことが続くと、まわりの子どもたちから、知的障害のある子どもを仲間に入れたくない、一緒に遊びたくないなどの発言が聞かれるようになります。

　まわりの子どもたちからそのような発言が出ると、「自分は子どもたちの優しい心を育てられていない」と、ひどく反省をしたり、寂しい気持ちになったりする先生がいます。しかし、まわりの子どもがこのような感情を抱くことは当然のことです。このような子どもたちの感情を無視して、頭ごなしに「そういうことを言ってはいけない」などと注意し、知的障害のある子どもの気持ちを考えるように促しても、まわりの子どもたちは本当の気持ちを先生に言うと叱られると思ってしまうだけです。

　その結果、まわりの子どもたちは、先生が見ているところでは知的障害のある子どもと一緒に遊ぶけれども、見ていないところでは仲間に入れようとしなかったり、意地悪をしてしまったりします。まずは、周囲の子どもたちが感じた気持ちを先生がしっかりと受け止めることが大切です。それをしたうえで、知的障害のある子どもの気持ちを代弁してください。

苦手なことは誰にでもあり、人によって苦手なことの種類が違うと伝えよう

　知的障害のある子どもについて、周囲の子どもから、「どうして〇〇ちゃんは、みんなと同じようにできないの？」などと質問されたり、明らかに知的障害のある子どもをばかにしたような行動がみられたりすることがあります。このような行動がみられたら、まずは、それぞれの子どもに苦手なことはないかを考えさせてください。知的障害のある子どもだけでなく、誰にでも苦手なことがあることを感じさせることが目的です。その際に、先生自身の苦手なことを先に出すと、子どもたちが発言しやすくなります。それぞれの苦手なことを具体的に考えさせたうえで、それぞれ苦手なことの種類が違うことを実感させます。知的障害のある子どもも苦手なことを練習している途中であると伝えてください。

苦手なことをばかにされたらみんな嫌な気持ちになることを伝えよう

　上のような取り組みをしたうえで、自分が苦手なことをほかの人から「どうしてできないの」と言われたり、「できないのはおかしい」などとばかにされたら、どんな気持ちになるかを考えさせます。ほかの人から苦手なことを笑われたりばかにされたら、誰もが嫌な気持ちになること、知的障害のある子どももみんなと同じように嫌な気持ちになることを伝えていきます。

知的障害のある子どもが登場する絵本を活用しよう

　知的障害のある子どもが登場する絵本がいくつか出版されています。このような絵本を活用することによって、ゆっくりと成長していく人がいることを子どもたちが知ることができます。また、「なぜお話をしないの？」といった子どもたちがよく感じる疑問を解消させてくれる絵本もあります。これらの絵本を通して、知的障害のある子どもに対する親しみをもち、身近に感じられるようになります。

　『のんちゃん』（作　ただのゆみこ、小峰書店）、『となりのしげちゃん』（写真・文　星川ひろ子、小学館）という絵本があります。これらの絵本のなかでは、ダウン症の子どもとまわりの子どもの日常生活がハプニングを交えて描かれ、お互いが成長していく姿が示されています。このなかで、一人ひとりが違って、それでよいのだということがはっきりと語られています。

2 周囲の子どもへの具体的な理解指導の方法

❶ なんでも手伝ってしまおうとする子どもへの対応

のぞみちゃんは、クラスの子どもたちに比べて身体が小さく、動作もゆっくりです。時間がかかりますが、靴をはいたり、着替えたりすることは自分でできます。しかし、いつもまわりの友だちが手伝ってしまい、靴をはかせたり、着替えさせたりしてしまいます。

❓ 周囲の子どもに、どう対応したらよいでしょうか？

A 心の中で応援することもお手伝いであると伝える

B 友だちの手伝いをすることはよいことなので、ありがとうと伝える

Answer 答えは… A

心の中で応援することもお手伝いであると伝える

🔶 先生がほめることで、お手伝いがエスカレートする

　先生にほめられたいという気持ちから、知的障害のある子どもに対して、積極的に手伝おうとする子どもがいます。先生がその行動をほめていると、お手伝いがエスカレートしてしまい、知的障害のある子どもができることでも、すべてやってあげようとしてしまうようになります。さらに、周囲の子どもはお手伝いをすることによって、自分がその子どもよりも年長の立場になったような気分になることがあります。

🔶 お手伝いのし過ぎは、知的障害のある子どもの発達を妨げることになる

　知的障害のある子どものできることを周囲の子どもがやってしまうと、知的障害のある子どもは自分でやれることもやろうとしなくなってしまいます。それでは、その子どもの発達が妨げられることになります。知的障害のある子どもができることは周囲の子どもに「自分でできるから見守っていて」と伝え、心の中で応援することもお手伝いであると話してください。

② できないことをからかう子どもへの対応

なおとくんは、園での生活のすべてにおいてゆっくりと行動し、いつもみんなから遅れをとってしまいます。周囲の子どもたちは、なおとくんのことを「遅いなぁ」と言って、からかっています。

❓ 周囲の子どもに、どう対応したらよいでしょうか？

A からかう子どもの気持ちを考える

B からかわれた子どもの気持ちを考えさせ、言わないように注意する

Answer 答えは… A

からかう子どもの気持ちを考える

▶ からかっている子どもは、よくないとわかってやっている

　知的障害のある子どもをからかったり、いじめたりする光景を見ると、先生としては胸が痛むことでしょう。ただし、頭ごなしに知的障害のある子どもの気持ちを考えさせ、言わないように注意したとしても、その場限りの反省で終わってしまい、先生の見ていないところでからかいやいじめが繰り返されてしまいます。からかったりいじめたりするのはよくないことであるのを、周囲の子どもたちはわかっているからです。

▶ からかう背景を考えて、子どもの気持ちを受け止めよう

　まずは、からかっている子どもが、なぜからかうのかを考えてください。みんなで早く行動して、遊ぶ時間を増やしたかったなど、その子どもなりの思いがあったかもしれません。また、自分がほめられたり、認められたりする機会が少なくなっているときに、知的障害のある子どもをからかう子どもがいます。からかっている子どもの気持ちを受け止めたうえで、からかわれる子どもの気持ちを考えさせるようにしてください。

③ 知的障害のある子どもに無理強いをさせようとしているときの対応

のぞみちゃんは、嫌なことがあると、座り込んでしまい、なかなかその場から動こうとしません。周囲の子どもがのぞみちゃんの様子を見て、手をひいて、連れて行こうとしました。しかし、のぞみちゃんは行きたくなかったので、その子どもの手を噛んでしまいました。

❓ 周囲の子どもに、どう対応したらよいでしょうか？

Ⓐ のぞみちゃんが嫌がっているときは、先生に教えてほしいと伝える

Ⓑ たまたまのぞみちゃんの機嫌が悪かっただけだと伝える

 Answer 答えは… A

のぞみちゃんが嫌がっているときは、先生に教えてほしいと伝える

⮕ 子ども同士で解決させてはだめ

　嫌な活動のときなど、知的障害のある子どもが座り込んで動かなくなることがあります。そのようなときは、先生が対応しても手こずることがあります。ましてや子ども同士で対応させようとすると、知的障害のある子どもは、嫌な活動をしなくてはならないときに嫌悪感や手を引っ張られる恐怖などで、相手の子どもに暴力をふるってしまうことがあります。対応が難しいことは、子ども同士での解決を求めるのではなく、先生が対応するから、先生に伝えてほしいというように話します。

⮕ かかわりを怖いと感じる経験をした子どもは、知的障害のある子どもを避けるようになる

　知的障害のある子どもとのかかわり方がわからず、不適切に対応したために、知的障害のある子どもから噛みつかれたり、たたかれたりしたことのある子どもがいます。そのような子どものなかには、知的障害のある子どものことを怖いと感じてしまい、その後、かかわりを避けてしまうことがあります。特に、教えてあげようなどと思って近づいたときに、嫌な思いをした場合には、その後、手を貸そうとしなくなります。

資料編

1 知的障害のある子どもの療育について

① 療育とは

知的障害のある子どもへの療育の必要性

　障害のある子どもたちには、障害特性に応じた専門的な支援や治療が必要です。しかし、それらだけではなく、ほかの子どもたちと同じように保育や教育を受ける必要もあります。治療と保育・教育を同時に行うことを療育といいます。ひとことで療育といっても、その内容はさまざまです。

　たとえば、知的障害のある子どもたちは、障害のない子どもたちのペースについていくことが難しかったり、障害があるためにみんなと同じ活動ができないことがあります。さらに、障害のある子どもたちはゆっくり何度も繰り返すなかで身の回りのことをできるようにしていきます。子どもの課題に合わせて繰り返し練習することは、集団のなかでは難しいことから、個別のかかわりを行うために、療育を行います。着替えがうまくいかないのであれば個別に着替えの方法を練習したり、言葉を話すことが苦手であれば発音や声の出し方を練習したりというように、それぞれの子どもたちのもつ課題を克服できるようにしていきます。

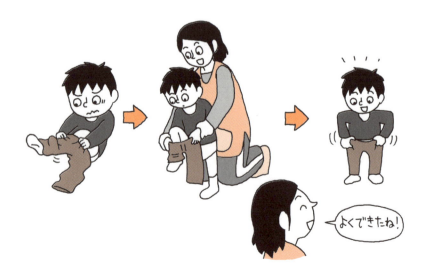

療育センターとは

　療育センターは障害のある子どもたちにそれぞれの課題に合った療育を行う場です。療育センターには、市区町村などが設置した公的な施設と民間の施設があります。設置主体によって利用の仕方や療育にかかる費用が異なります。市区町村立の療育センターは、ことばの教室、親子教室などさまざまな呼び方があります。また、最近では民間の療育施設が増えているため、保護者が自分で療育施設を探して通う場合があります。

療育の目的

　療育には、親子で一緒に通所して療育を受けるケースと子どもだけが療育を受けるケースがあります。親子で通所する場合の多くは、保護者が子育てをするうえで難しさを感じています。わが子に対する専門家の接し方を見て、保護者が障害のある子どものことを知り、子どもに対するかかわり方を学ぶことも目的の一つです。

　個別に行う療育は、身辺自立の方法や身体の動かし方を学んだり、社会性を身につけるなど、障害によって生じる生活上の課題を克服できるようにすることが目的です。

❷ 療育センターで子どもたちはどのような活動をしているのか

療育センターで子どもにかかわる人

　療育センターでは、社会性を身につけること、身体の動かし方を学ぶことなどを目指してさまざまな療育が行われています。療育には言語聴覚士、作業療法士、理学療法士、心理士など療育の専門家がかかわり、言語療法、理学療法、作業療法、心理療法などが行われます。多くの療育センターでは、遊びを通じて子どもに必要な力が身につくようにしています。遊びの場面では保育士がかかわる施設もあります。療育には、子どもと専門家が1対1でかかわるケースと、同じような課題を抱える子どもが数名のグループで行うケースがあります。

個別の療育

　子ども個人の課題に合わせて目標を決め、活動が行われます。言葉の発達を促す場合や身体の動かし方を学ぶ場合には、個別の療育が適しています。たとえば、手先が不器用な子どもの場合、日常生活でははしやスプーンを使えない、着替え（ボタンを留める、ファスナーを上げるなど）が苦手、はさみを上手に使えないといったことが起こります。不器用さを改善するために、専門家が個別に子どもにかかわって指先を使う遊び（ビーズをひもに通す、洗濯ばさみを留めるなど）をしながら手先を使う練習をします。

集団での療育

　集団のなかで過ごすためのルールを身につけることを目的に、10名程度の小さな集団で療育が行われます。具体的には、朝の集まり、集団での遊び、給食などを行います。集団での遊びは保育所や幼稚園での活動のように、製作をしたり身体を動かす遊びをしたりとさまざまな内容が取り入れられています。一見すると保育所や幼稚園と似た活動をしているように見えますが、保育所や幼稚園よりも小規模な集団での活動であり、大人が丁寧にかかわることができる点が療育のメリットです。

　たとえば、自分の順番が来るまで待つことができないために、園で一斉活動に参加できない子どもがいるとします。療育の場では、活動内容そのものをその子どもの集中力がもつ時間の活動にすることができます。また、子どもの数が少ないのでほかの子どもを待つ時間が少なくてすむこと、先生の数が多いため子どもに援助の手が届きやすいことから、一斉活動に参加しやすくなります。まずは小集団での生活のなかで待つことを学び、集団生活に適応していく力を身につけていきます。

③ 療育センターと園はどのように連携を取ればよいのか

連携を取る目的

　子どもの成長を促すためには、療育センターと園が連携を取り、子どもにとってよい対応を両者が行うことが大切です。そのためには、まず療育センターでの子どもの様子を先生が知ること、先生から療育センターに園での子どもの様子を伝えることが必要です。

先生が療育センターでの子どもへの対応を知る

　先生が知的障害のある子どもに接する際に、どうしたら言葉が出るようになるのか、なぜいつもごろごろと寝転がってしまうのかなど、その子どもの言動についてわからないことがたくさんあることでしょう。療育センターでは、その子どもが苦手なことやできないことの理由を探して、できることが増えるように子どもにかかわっています。療育センターでどのような活動を行い、専門家がどのようにかかわっているのかを先生が知ることで、子どもの行動の理由がわかったり、子どもへの接し方のヒントが得られることがあります。保護者に尋ねる、療育センターに見学に行くなどして、療育センターでの子どもの様子と対応方法を把握します。

療育センターに園での子どもの様子を伝える

　療育センターで活動をするときには問題がないようにみえるけれども、園で友だちと一緒に生活していくなかで課題がみえてくる子どもがいます。また、園では食事がとれないけれど、療育センターでは問題なく食事をしているというように、場面が変わるとできること、できないことがあるケースがあります。さまざまな角度から子どものことをみて援助していくために、療育センターに園での子どもの様子を伝えることが大切です。

園でも療育センターと同じことをしたほうがよい？

　療育センターで使われているものと同じ絵カードを使うなど、園生活に取り入れられることはできる範囲で取り入れるとよいでしょう。ただし、療育センターと全く同じ活動をする必要はありません。園に来る目的は、集団の生活での経験をすることです。さまざまな性格や年齢の子どもたちとかかわること、まわりの友だちが楽しそうにしている様子を見て、「やってみたい」「楽しそう」という気持ちが育ち、行動につながることなど、園には療育センターとは異なる学びがたくさんあります。

2 知的障害のある子どもの就学について

❶ 就学先を選択する際に大切にしなければならないこと

通常学級に行くことだけがよい選択ではない

　知的障害のある子どもやその保護者にとって、就学先を選ぶことは非常に大きな決断です。特に、保護者にとってはわが子が特別支援学校や特別支援学級に入ることは、子どもが障害児であると認めることにつながります。「わが子を障害児だと認めたくない」「通常学級でもついていけるのではないか」と思い、通常学級に入れたいと強く希望する保護者が多くいます。しかし、子どもの学習や活動のペースに合わないのに通常学級に入ったとしても、子どものもっている能力を伸ばすことはできません。つまり、必ずしも通常学級に入ることがよい結果につながるとは限らないのです。先生には、保護者に園での子どもの様子をしっかり伝えることで、保護者がわが子に合った就学先を選択する支援をする役割が求められます。

知的障害のある子どもの就学の際の選択肢

　知的障害のある子どもの就学先としては、「特別支援学級」「特別支援学校」「通常学級」があります。特別支援学級は、障害のある子どものためのクラスです。特別支援学校は、障害のある子どものための学校です。子どもの状態に合わせて、その子どもが最も生活しやすく、もてる力を伸ばせる場所を就学先として選択することが最も望ましいことです。

先生ができること

　何を手がかりにして就学先を決めればよいかがわからなかったり、子どもが集団のなかでどのように過ごしているのかについて、想像がつかない保護者が多くいます。先生は、近隣の小学校の情報を集めておき、保護者に伝えます。子どもに関しては、集団生活での課題は何か、子どものできることや苦手なことは何かを保護者に話します。学校に関しては、近隣の特別支援学級のある小学校はどこか、通学できる範囲にある特別支援学校はどこにあるのか、特別支援学校に行くための手続きなどの情報を伝えてください。

❷ 特別支援学校とは

特別支援学校とは

　特別支援学校とは、障害のある子どものための学校です。教育を受けることはもちろんですが、身辺の自立や生活に必要な知識、技術を身につけることに重点がおかれています。1クラスの人数は6名程度であり、教員が丁寧に子どもにかかわることができます。居住地の近くに特別支援学校がない場合には、バスや保護者の送迎などの手段で通学します。

自立活動の時間

　通常の小学校と異なる点として、自立活動の時間が設けられていることがあげられます。自立活動の時間は、障害によってできないことや苦手なことを練習したり、いろいろなやり方を学んだりして、自立するために必要な力を身につけることを目的にした時間です。たとえば、はしやスプーンを使うことが苦手で手づかみで食事を食べてしまう子どもにとっては、食事をすることそのものが手先を使う練習の時間になります。基本的な生活習慣を身につけることやほかのひととかかわること、日常生活に必要なコミュニケーションの方法を知って実践することなどを目指した内容の授業が行われます。

領域・教科を合わせた指導

　通常の学校では、国語の時間には国語の勉強をするといったように教科別に授業を進めます。特別支援学校では、領域や教科にとらわれない、実生活に結びついた形の授業が行われています（これを「領域・教科を合わせた指導」といいます）。たとえば、ある授業では買い物の仕方を題材に授業を行います。メモを読んで買うものを理解する、お店のなかで買うものを探して見つける、いくら必要なのかを計算してお金を用意する、レジに並んで順番を待つなど、生活に必要な力を身につけられるようにしています。

交流教室

　特別支援学校に通う場合に、保護者が「居住地域から離れた学校に通うため、これまでの友だちとのつながりが薄れてしまうのではないか」「障害のない子どもたちとかかわることがないまま育つことで社会に出て生活していけるのか」と不安をもつことがあります。特別支援学校に通っていても、近隣の小学校や中学校の子どもたちとかかわる交流の時間があります。交流教室の時間には、近隣の小学校に行き、通常学級の子どもたちと一緒にさまざまな活動を行います。楽器を使って合奏をしたり、ゲームを通してコミュニケーションを取るなどさまざまです。

③ 特別支援学級とは

特別支援学級とは

　特別支援学級は、障害のある子どものためのクラスです。クラスは通常の学校のなかに設置されており、1クラスの人数が8名程度です。1クラス40名程度の通常学級と比べると、小規模であることがわかります。同じ学年の子どもばかりではなく、別の学年の子どももいっしょに同じクラスで学習します。すべての小学校に設置されているわけではなく、地域によっては特別支援学級が設けられていない学校もあります。そのため、特別支援学級のある学校に学区を超えて通学する場合があります。

特別支援学級の特徴

　特別支援学級では、特別支援学校と同様に自立活動の時間が設けられ、領域・教科を合わせた指導が行われています。一人ひとりの子どもの学習の状況に合わせて指導内容を変えて、子どもの理解度に応じた学習ができるところが特別支援学級のよさです。通常学級は同じ学年の子どもで構成されていますが、特別支援学級は異なる学年の子どもも同じ教室で学んでいます。学年別に授業をすることもありますが、必要があれば、学年を超えて学習の進度別に授業を行うというように指導が行われます。

特別支援学級での生活

　特別支援学級に籍をおき、基本的には朝から授業が終わるまで、特別支援学級で過ごします。また、通常学級との交流の機会が多いことも特別支援学級の特徴の一つです。共同学習の時間といって、通常学級のなかで学ぶ時間があります。授業や活動を一緒に行うことを通じて、障害のある子どもとない子どもがお互いのことを理解し、さまざまな経験をすることを目的としています。具体的には、音楽や給食の時間に通常学級に行って、クラスの子どもたちと一緒に授業を受けたり給食を食べたりします。運動会や文化祭などの学校行事を通常学級のクラスの子どもたちと一緒に行う場合もあります。

④ 就学先を決定するまで

就学先決定までの流れ

　小学校に上がる前の年に、就学相談などの手続きを経て、就学先を決めていきます。
　6～9月頃に、特別支援学校や特別支援学級を考えている保護者を対象とした就学説明会があります。ここでは、特別支援学校や特別支援学級での教育内容や就学相談の流れ・手続きについての説明があります。同じ時期に、保護者は地域の教育委員会に就学に関する相談（就学相談）ができます。就学相談員が保護者の意見を聞きながら、子どもに適した就学先について検討していきます。このときに、子どもの行動観察や発達検査が行われる場合があります。就学を希望する学校を絞り込んだら、学校の見学に行きます。見学については、各小学校に問い合わせる必要があります。その後、10～11月に就学時健康診断があります。就学にあたって、心身の健康状態を確認するために、小学校に就学するすべての子どもが受診する健診です。

就学先の決定

　就学相談での相談内容や就学時健康診断の結果をもとに、就学指導委員会が教育、福祉、医療などの面から検討して、その子どもに適した就学先はどこかを判断します。12〜1月頃、判定結果が保護者に届きます。就学指導委員会の判定に保護者が同意できない場合は、継続して相談ができます。

　就学先決定後、保護者向けの入学説明会が行われます。入学式や入学までに用意する必要がある物についての説明、学校生活の流れやきまりごと、入学までにできるようにしておいてほしいことなどの説明を受けます。子どもは小学校での生活を体験する体験入学に参加します。

就学の時に先生ができること──小学校への情報の提供

　就学の時に先生ができることは、小学校に子どもの情報を伝えることです。要録に園で実践していた援助や子どもの特徴を記入し、小学校以降の子どもの指導に活用してもらいます。小学校と園で連携会議を行う際には、園での子どもの様子や先生が配慮していたことを詳しく隠すことなく伝えてください。

著者・監修者紹介

著者　水野 智美（みずの・ともみ）

筑波大学医学医療系准教授、博士（学術）、臨床心理士。
著書に、『こうすればうまくいく！ ADHDのある子どもの保育　イラストですぐにわかる対応法』『こうすればうまくいく！自閉症スペクトラムの子どもの保育　イラストですぐにわかる対応法』（以上、中央法規出版）、『具体的な対応がわかる　気になる子の保育－発達障害を理解し、保育するために－』（チャイルド本社）などがある。

著者　西村 実穂（にしむら・みほ）

東京未来大学こども心理学部講師、博士（学術）、保育士、看護師、保健師。
著書に、『こうすればうまくいく！医療的配慮の必要な子どもの保育　30の病気の対応ポイントがわかる！』（中央法規出版）、『具体的な対応がわかる　気になる子の偏食－発達障害児の食事指導の工夫と配慮－』（チャイルド本社）、『「うちの子、ちょっとヘン？」発達障害・気になる子どもを上手に育てる17章－親が変われば、子どもが変わる－』（福村出版）などがある。

監修者　徳田 克己（とくだ・かつみ）

筑波大学医学医療系教授、教育学博士、臨床心理士。
『具体的な対応がわかる　気になる子の保護者への支援』（チャイルド本社）、『知らないとトラブルになる！配慮の必要な保護者への支援』（学研教育みらい）、『みんなのバリアフリー』①～③（あかね書房）など、著書多数。

こうすればうまくいく！　知的障害のある子どもの保育
イラストですぐにわかる対応法

Do it in this way, it will work out well !
Case study of children with intellectual disabilities

2018年5月25日　初　版　発　行
2023年4月10日　初版第3刷発行

著　者　　水野智美・西村実穂
監修者　　徳田克己
発行者　　荘村明彦
発行所　　中央法規出版株式会社
　　　　　〒110-0016　東京都台東区台東3-29-1　中央法規ビル
　　　　　TEL 03-6387-3196
　　　　　https://www.chuohoki.co.jp/

印刷・製本　株式会社アルキャスト
装幀・本文デザイン　株式会社タクトデザイン事務所
カバーイラスト　タナカユリ
本文イラスト　堀江篤史

定価はカバーに表示してあります。
ISBN978-4-8058-5688-8
本書のコピー、スキャン、デジタル化等の無断複製は、著作権法上での例外を除き禁じられています。
また、本書を代行業者等の第三者に依頼してコピー、スキャン、デジタル化することは、たとえ個人や家庭
内での利用であっても著作権法違反です。
落丁本・乱丁本はお取り替えいたします。
本書の内容に関するご質問については、下記URLから「お問い合わせフォーム」にご入力いただきますよう
お願いいたします。
https://www.chuohoki.co.jp/contact/